MANUAL DE
PUBLICAÇÕES
DA EDITARES

Associação Internacional EDITARES

Lane Galdino (Org.)

MANUAL DE
PUBLICAÇÕES
DA EDITARES

Carolina Ellwanger
Cristina Ellwanger
Daniel Ronque
Denise Paro
Eliana Manfroi
Ercília Monção
Guilherme Kunz
Ila Rezende

Lane Galdino
Liege Trentin
Milena Mascarenhas
Miriam Kunz
Oswaldo Vernet
Rosane Amadori
Sônia Ribeiro
Telma Crespo

EDITARES.

Foz do Iguaçu, PR
2021

Edição	Oswaldo Vernet.
Revisão	Carlos Moreno, Daniel Ronque, Eliana Manfroi, Ercília Monção, Ila Rezende, Liege Trentin, Rosane Amadori e Sônia Ribeiro.
Diagramação	Francieli Padilha.
Capa	Francieli Padilha. Imagens: Freepik e Rawpixel.com – Freepik.com.
Ilustrações	Jadher Curvelo.
Impressão	Meta Brasil.

Dados Internacionais de Catalogação na Publicação (CIP)

M294	Manual de publicações da Editares / Organizado por Lane Galdino. – Foz do Iguaçu, PR: Editares, 2021.
	152 p. : il.
	Inclui bibliografia Inclui índice remissivo
	ISBN 978-65-86544-49-7 1. Conscienciografia 2. Grafopensene 3. Editoração 4. Redação técnica 5. Manuais I. Editares
	CDU 808(035)

Beatriz Helena P. de S. Cestari – CRB-10/1708

Associação Internacional **EDITARES**
Av. Felipe Wandscheer, 6.200, sala 100D
Cognópolis, Foz do Iguaçu, PR, Brasil – CEP 85856-850
Fone: +55 (45) 99133-2818
Website: www.editares.org *E-mail:* editares@editares.org

Dedicatória

Aos autores

Aos leitores

Aos voluntários pioneiros fundadores da EDITARES

Aos voluntários ex-coordenadores da EDITARES

Aos amparadores extrafísicos

Sumário

Prefácio
Neopatamar Editorial

Edição. Editar é organizar, selecionar, normatizar e, por vezes, redesenhar engenhosamente palavras e frases ao modo de um artesão atento aos detalhes da própria obra. Exige atenção, criatividade, associação de ideias, em um verdadeiro e prazeroso exercício mentalsomático.

Histórico. A arte da edição é antiga. Há vestígios de tal prática desde o Século III. Um dos centros editoriais da História foi a célebre Biblioteca de Alexandria, onde se copiavam manualmente textos antigos, às vezes acrescidos de comentários.

Seriexologia. Pode-se suspeitar, por hipótese, terem sido muitos editores e autores da atualidade ex-copistas ou escribas em retrovidas já envolvidos no universo da *escrita-edição-publicação*.

Prensa. A edição ganhou importância a partir da prensa de Gutenberg, em uma época na qual as palavras grafadas começaram a viajar de um lugar para outro difundindo o conhecimento com velocidade jamais conhecida. A disseminação de ideias com aquele sistema de impressão derrubou alguns paradigmas e contribuiu para solidificar outros.

Evolução. O processo editorial implica organização, responsabilidade e coesão entre os diversos especialistas, incluindo editores, pareceristas, diagramadores, revisores e capistas. Uma boa edição é resultado de um trabalho afinado em equipe.

Obra. Esta obra, *Manual de Publicações da Editares,* mostra justamente a sinergia de voluntários-editores e da equipe técnica colegiada da *Associação Internacional Editares*. Antes mesmo de completar duas décadas de existência, a jovem editora evidencia amadurecimento e especialização na tarefa mentalsomática de publicar verdades relativas de ponta oriundas de autores-pesquisadores da Neociência Conscienciologia.

Assistência. A proposição deste Manual vem contribuir sobremaneira para a qualificação das obras conscienciológicas, esclarecendo autores e neoautores quanto a procedimentos relacionados ao processo editorial, seja em livros e periódicos escritos no idioma português ou em línguas estrangeiras. Também dirime costumeiras dúvidas daqueles autores estreantes no mundo das publicações.

Profissionalismo. Ao expor detalhes do fluxo editorial, incluindo desde a entrada da obra na Editora, até o lançamento e distribuição dos livros, os voluntários da Editares demonstram profissionalismo e deixam aos futuros integrantes da editora referência grafada para manter a qualidade editorial alçada na atualidade.

Confor. Os detalhes de conteúdo e forma, próprios dos livros conscienciológicos expostos nesta obra, indicam o quanto a Editares está sintonizada com a concepção da edição conscienciológica, a qual propõe inovações e exaustividade. A inserção do levantamento estatístico da obra, nas páginas finais, é um dos exemplos.

Desafio. Editar é tarefa complexa. Editar obras conscienciológicas é desafio maior em razão da pressão inerente às ideias inovadoras do paradigma consciencial. A Editares mostra, com a publicação deste Manual, ter alcançado patamar editorial de excelência pautado na interassistencialidade.

Agradecimento. Esta obra é fruto do trabalho persistente e contínuo de voluntários e ex-voluntários ao longo da última década e do esforço desmedido da atual coordenação a fim de organizar procedimentos técnico-administrativos da Editares. É preciso agradecer a cada voluntário e aos amparadores técnicos da Editoriologia e Publicaciologia por esta importante conquista no contexto da maxiproéxis grupal.

Denise Paro.

Foz do Iguaçu, 6 de junho de 2021.

Introdução

> **Autorrevezamento.** Se os componentes da *Comunidade Conscienciológica Cosmoética Internacional* (CCCI) entenderem mais o significado profundo do autorrevezamento multiexistencial, vão fazer mais do que têm feito até agora quanto à redação e publicação dos **livros** sobre a Conscienciologia. (VIEIRA, 2014b, p. 247)

Motivação

Tares. A consecução da tarefa do esclarecimento por parte da conscin intermissivista presume, em algum nível, o compartilhamento das autopesquisas pautado no paradigma consciencial, seja de maneira oral ou escrita.

Livro. O registro grafado do conteúdo autexperimental ainda constitui a forma mais perene de legar aos compassageiros a teática evolutiva particularíssima de cada autor, capaz de despertar reflexões, inspirar neocondutas e motivar reciclagens em outros microuniversos conscienciais.

Urgência. Muito se tem produzido em mais de 3 décadas de Conscienciologia e, paradoxalmente, não cessa a premência de novas publicações, com neoabordagens singulares, face à aceleração histórica do atual momento evolutivo planetário.

Cotejo. Ultrapassando o artigo técnico e o verbete neoenciclopédico, o livro, pela extensão e profundidade pressupostas, requer do autor tratamento bem mais cuidadoso no tocante à estruturação do conteúdo, sem perder de vista as características de legibilidade.

Gap. Entre o esboço preliminar grafado pelo autor e o livro publicável, insere-se inevitável cadeia de apreciações, revisões, contribuições enriquecedoras e devolutivas, visando adequar a obra aos requisitos de cientificidade inerentes à Neociência.

EDITARES. Segundo Tornieri (In: VIEIRA, 2018, p. 9.183 a 9.188), a *Associação Internacional EDITARES* é:

> [...] a *Instituição Conscienciocêntrica* (IC), científica, educacional, político-apartidária, sem fins de lucro, independente e universalista, especializada na edição de obras tarísticas (livros, jornais, revistas, DVDs, *e-books*) de divulgação da Ciência Conscienciologia e respectivas especialidades, fundada por pesquisadores-voluntários, em 23 de outubro de 2004.

Compromisso. Tendo a *Editoriologia* por especialidade-base, a EDITARES é responsável, desde a fundação, pela produção de quase duas centenas de livros conscienciológicos (Ano-base: 2021), efetivando, com *expertise* ímpar, os procedimentos capazes de transformar o esboço autoral preliminar em obra publicada.

Objetivo e Estrutura desta Obra

Propósito. A explicitação desse mecanismo viabilizador de gescons é o objetivo deste livro, apresentando à CCCI o funcionamento do Fluxo Editorial vigente na EDITARES.

Autores. Os responsáveis pelo conteúdo aqui apresentado são os voluntários integrantes do *Conselho Editorial,* a partir das experiências hauridas na editoração e publicação das diversas obras encaminhadas.

Estrutura. O presente texto está organizado em 6 seções, na ordem de ocorrência:

1. **Associação Internacional EDITARES:** a apresentação da IC; a constituição e função do *Conselho Editorial.*

2. **Fluxo Editorial:** o detalhamento de todo o trâmite da obra encaminhada à EDITARES; as diversas fases de revisão; a diagramação.

3. **Lançamento da Obra:** os procedimentos para difusão da obra ao público.

4. **Obras com Tratamento Específico:** a abordagem particular a outras categorias de obras.

5. **Procedimentos Jurídicos:** os aspectos legais envolvendo autoria e publicação.

6. **Estrutura da Obra:** as partes integrantes; as inter-relações.

Minilivro. Em Apêndice específico, a estruturação aplicada às obras é ilustrada com exemplos extraídos de livros já publicados, disponíveis gratuitamente, constituindo pequeno manual de referência para autores e editores.

Convite

Descrenciologia. Ao leitor ou à leitora desta obra, seja autor, editor, voluntário ou meramente interessado em conhecer os pormenores da editoração de livros na EDITARES, recomendamos a abordagem a este texto prevista no enunciado do *princípio da descrença,* não acreditando em nada e buscando comprovar pela autexperiência as informações relatadas.

Incentivo. Como sugestão para averiguar com autocriticidade os detalhamentos aqui expressos, sugerimos a *iniciativa urgente* de redigir e encaminhar a própria obra à EDITARES, validando pela vivência pessoal cada informação encontrada neste texto.

Agradecimento

Multimensionalidade. Muito além dos percalços intrafísicos inerentes a qualquer empreendimento pró-evolutivo, a concretização gráfica de conteúdo conscienciológico apresenta desafios ainda mais complexos, dadas as especificidades dos trâmites mutidimensionais envolvidos, não raro antagônicos.

Amparologia. Sem a atuação dos amparadores extrafísicos, sabemos ser impossível levar a termo essa tarefa diária, ininterrupta, de disponibilizar em livros os conteúdos ideativos formulados pelos autores.

Foz do Iguaçu, PR, 23 de abril de 2021.

Oswaldo Vernet, Editor.

I.

Associação
Internacional
EDITARES

1. Histórico e Organização

1.1. Objetivos

Definição. A *Associação Internacional EDITARES* é a *Instituição Conscienciocêntrica* (IC), sem fins de lucro, científica, educacional, político-apartidária, independente e universalista, especializada na edição de obras tarísticas (livros impressos ou digitais, tratados, manuais e revistas) de divulgação da Ciência Conscienciologia e respectivas especialidades, fundada por pesquisadores-voluntários, em 23 de outubro de 2004, na cidade de Foz do Iguaçu, Paraná, Brasil.

Divulgação. Em complemento às edições, publicações e distribuição das obras conscienciológicas, a EDITARES faz, de modo perene, a divulgação da Ciência exposta nos livros, por intermédio de *lives* e disponibilização, de maneira gratuita no *site* da editora, de todas as obras do Prof. Waldo Vieira (1932–2015), propositor das ideias da Ciência Conscienciologia, assim como dos livros de outros autores, somando mais de 40 obras (Ano-base: 2021).

1.2. Voluntariado Conscienciológico

Voluntariado. Segundo o previsto no Art. 5° do Estatuto Social da EDITARES[1], todo o trabalho desenvolvido na IC é realizado por voluntários associados, especializados na edição e publicação de obras conscienciológicas, abrangendo desde o recebimento dos originais até o lançamento da obra. Todo o processo editorial ao qual se submete o livro dentro da editora será detalhado em capítulos específicos desta obra.

---

1 Art. 5°. A EDITARES poderá ter um número ilimitado de associados, sempre admitidos pelo Colegiado Administrativo, sem qualquer distinção de raça, cor, sexo, nacionalidade, filiação política ou credo religioso.

Multidimensionalidade. Em alinhamento ao paradigma consciencial, a atuação dos voluntários da EDITARES é pautada pela interassistência, considerando que todo o fluxo intrafísico da editoração ocorre em sintonia com a dimensão extrafísica.

1.3. Sustentabilidade Financeira

Recursos. A sustentação financeira da EDITARES provém dos valores doados por parte dos autores para a publicação da obra e da comercialização dos títulos.

Fundos. O resultado financeiro da instituição é destinado à operação da própria editora, compreendendo o Fundo Editorial dedicado às publicações, reedições e reimpressões das obras e o Fundo de Reserva afeito à sustentabilidade administrativa, como dispõem os Artigos 38 e 39, do Estatuto Social[2].

1.4. Publicações

Produção. Ao longo de 16 anos de existência, a Editora publicou (Ano-base: 2021) mais de 180 títulos, de 130 autores da Conscien-

---

2 Art. 38. A EDITARES não distribuirá a seus associados, voluntários, coordenadores, empregados, doadores eventuais ou terceiros, excedentes operacionais, brutos ou líquidos, dividendos, bonificações, participações ou parcelas do seu patrimônio, auferidos mediante o exercício de suas atividades, revertendo qualquer eventual saldo positivo de seus exercícios financeiros em benefício da manutenção e ampliação de suas finalidades estatutárias e/ou de seu patrimônio.
Art. 39. As receitas provenientes da venda de livros terão destinação conforme descrito nos parágrafos 1° a 3° seguintes:
§ 1° No mínimo 10% (dez por cento) das receitas das vendas será destinado ao Fundo Editorial e deverá ser exclusivamente utilizado para o financiamento de publicações.
§ 2° Será mantido Fundo de Reserva com saldo mínimo necessário para a sustentabilidade administrativa da EDITARES pelo período de 6 (seis) meses.
§ 3° A receita líquida da venda de livros deverá ser utilizada para a reedição ou reimpressão da própria obra. Na hipótese de o autor decidir pela não reedição ou reimpressão, o valor será destinado ao Fundo Editorial mencionado no § 1°, deste artigo.

ciologia falando das próprias experiências e das reciclagens pessoais e grupais, com base no Paradigma Consciencial.

Produção Anual de Obras da EDITARES - 2004 a 2020

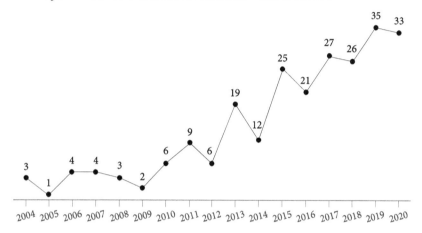

2. Política Editorial

2.1. Obras publicáveis pela EDITARES

Posicionamento. Tendo em vista que a *Associação Internacional EDITARES* dedica-se à produção e publicação de obras fundamentadas na Ciência Conscienciologia e suas especialidades[3], o interesse da editora é na produção de conteúdo que contribua para o enriquecimento e expansão do Paradigma Consciencial, enquanto teoria-líder fundamentada na própria consciência.

Requisito. O contéudo da obra precisa ter abordagem original e tarística.

2.2. Obras NÃO publicáveis pela EDITARES

Política. Consoante a política de publicação da EDITARES, **não** são contempladas obras apresentando qualquer das 8 características a seguir, em ordem alfabética:

1. **Anticientificismo:** a abordagem contrária aos *princípios científicos;* o predomínio da beleza estética sobre o conteúdo.

2. **Anticosmoeticidade:** a abordagem em apologia ao belicismo, à religião, ao suicídio, à toxicomania, à violência, aos idiotismos culturais, dentre outros.

3. **Antiuniversalismo:** a abordagem em defesa de posicionamentos aprioristas, facciosos, fechadistas, interiorotas, paroquialistas, sectários ou separatistas.

---

3 *Instituto Cognopolitano de Geografia e Estatística* (ICGE): <https://www.icge.org.br/?page_id=1878>.

4. **Dogmatismo:** a abordagem dogmática, religiosa, doutrinária ou assentada em verdades absolutas, crendices, mitos, sacralizações ou gurulatrias.

5. **Ficcionismo:** a abordagem fantasiosa, desconectada de fatos, parafatos, realidades ou pararrealidades.

6. **Materialismo:** a abordagem unicamente eletronótica, fundamentada apenas no paradigma da Ciência Convencional.

7. **Misticismo:** a abordagem mística, esotérica ou obscurantista, própria do ocultismo.

8. **Tacon:** a abordagem assistencialista, demagógica, *fazedora de média,* eufêmica, no estilo água-com-açúcar ou autoajuda.

3. Conselho Editorial

3.1. Definição e Objetivos

Definição. O *Conselho Editorial da EDITARES* é o grupo de cons-cins responsável pela deliberação consensual e implementação de deci-sões acerca da produção gesconográfica de obras conscienciológicas sob responsabilidade da IC.

Objetivo. O referido conselho foi criado com a finalidade de dar maior objetividade e celeridade ao fluxo editorial, com procedimen-tos mapeados e etapas definidas para acompanhamento das obras em produção na IC, atuando junto aos autores, aos revisores e às diversas mídias de publicação.

Responsabilidade. São responsabilidades do *Conselho Editorial* as 5 ações, relacionadas em ordem lógica:

1. **Normatização:** a instituição e o aprimoramento das práticas re-lacionadas à produção de obras, em atenção aos princípios, objetivos e diretrizes de atuação da EDITARES.

2. **Legalização:** a definição das linhas editoriais e de políticas espe-cíficas relacionadas à cessão de direitos autorais, tiragem e distribuição das obras.

3. **Distribuição:** o critério de alocação de editor específico, para cada obra acolhida, responsável técnico pelo acompanhamento.

4. **Supervisão:** o acompanhamento do fluxo editorial, detectando e sanando eventuais lacunas ou delongas no processo de produção de obras.

5. **Divulgação:** a escolha das mídias de publicação mais oportunas para as diversas obras encaminhadas, em observância às tendências de demanda e divulgação.

Acolhimento. Faz parte das diretrizes básicas do *Conselho Editorial* acolher e acompanhar as obras encaminhadas à editora, proporcionan-do os esclarecimentos necessários sobre o fluxo editorial desde o primei-ro contato feito, quando o neoautor comunica à EDITARES o interesse em agendar a entrevista para entrega dos originais.

II.
Fluxo Editorial

```
        CONSELHO
        EDITORIAL

    ENTREVISTA        PARECER

    CONFOR        CESSÃO DE
                                      DIREITOS
                                      AUTORAIS

    REVISÃO
    LINGUÍSTICO-        DIAGRAMAÇÃO
    -TEXTUAL

    LANÇAMENTO        ORÇAMENTO
                                          E IMPRESSÃO
                                          DA OBRA
```

4. Visão Geral

Fluxo. A sequência de etapas pela qual tramitam as obras publicadas pela EDITARES abrange 16 estágios, compondo o *fluxo editorial,* elencadas em ordem funcional:

01. **Admissão:** a recepção e pré-análise da obra, realizada por integrante do *Conselho Editorial.*

02. **Parecer:** a análise e emissão de parecer sobre a obra por voluntários especialistas da *Comunidade Conscienciológica Cosmoética Internacional* (CCCI).

03. **Cessão:** a celebração do *termo de cessão de direitos autorais* entre a Editora e o(s) autor(es)/organizador(es).

04. **Confor:** a revisão conformática (conteúdo e forma).

05. **Linguística:** a revisão linguístico-textual.

06. **Diagramação:** o projeto gráfico e a diagramação.

07. **Catalogação:** a elaboração da ficha de catalogação (Dados Internacionais de Catalogação na Publicação – CIP).

08. **ISBN:** a solicitação do registro *International Standard Book Number.*

09. **Orçamentos:** a solicitação de orçamentos às gráficas para impressão.

10. **Prova:** a impressão do boneco *(layout)* preliminar mostrando a posição das ilustrações, textos e outros elementos, conforme aparecerão no produto impresso, se for o caso.

11. **Ajustes:** a realização de correções e ajustes antes da finalização.

12. **Finalização:** a análise final e liberação para impressão.

13. **Impressão:** a autorização de impressão definitiva, se for o caso.

14. **Lançamento:** a apresentação pública e distribuição.

15. **Doação:** a cessão de exemplares da obra para o Holociclo e Holoteca (CEAEC), Holomemória (UNICIN) e UNICIN.

16. **Depósito:** o armazenamento da obra no repositório institucional e o envio à Biblioteca Nacional.

ADMISSÃO

- ▸ Recepção por *E-mail*;
- ▸ Agendamento de entrevista;
- ▸ Interlocução com os autores;
- ▸ Recepção dos originais;
- ▸ Conferência dos requisitos mínimos;
- ▸ Atribuição de editor responsável.

PARECER

CONFOR

REVISÃO LINGUÍSTICO--TEXTUAL

DIAGRAMAÇÃO

FINALIZAÇÃO

5. Admissão da Obra

5.1. Entrevista para Recebimento dos Originais

Contato. Os autores interessados em publicar obras devem contactar a EDITARES pelo *E-mail:* publiqueseulivro@editares.org, mencionando o título e os nomes de todos os autores envolvidos na escrita.

Entrevista. A partir desse contato inicial, é marcada a entrevista para a recepção dos originais, à qual comparecerão 1 membro do *Conselho Editorial* (entrevistador), acompanhado de, pelo menos, mais 1 voluntário, além do(s) autor(es).

Formulário. Durante a entrevista, a interlocução com o(s) neoautor(es) permitirá ao entrevistador colher as informações e preencher o formulário de recepção.

Recebimento. Os originais precisam ser entregues em 3 vias encadernadas e o texto deverá conter, obrigatoriamente, no mínimo, os 5 seguintes elementos, em ordem funcional:

1. **Sumário:** a sequência de seções (partes), capítulos e subseções constituindo a obra.

2. **Introdução:** o preâmbulo do autor esclarecendo o propósito da obra.

3. **Conteúdo:** a disposição em capítulos do conteúdo da obra, em consonância com o Sumário.

4. **Conclusão:** as asserções finais acerca do conteúdo exposto.

5. **Bibliografia:** as listas de fontes bibliográficas, webgráficas, filmográficas e / ou de outra natureza, consultadas ou referenciadas no texto.

Informação. Cumpre ao editor encarregado da entrevista abordar 6 questões com o(s) neoautor(es), em ordem funcional:

1. **Esclarecimento:** quanto às expectativas relacionadas aos pareceres tarísticos da obra.

2. **Ciência:** quanto à necessidade dos *feedbacks* amparados ao autor para incremento da gestação consciencial.

3. **Desdramatização:** quanto à necessidade de várias revisões de conteúdo e forma (confor) até a finalização criteriosa do livro.

4. **Previsão:** quanto ao tempo estimado (não peremptório) de edição da gescon.

5. **Informação:** quanto às modalidades de publicação.

6. **Explanação:** quanto ao investimento financeiro relacionado à publicação da obra.

5.2. Pré-avaliação

Apreciação. O editor entrevistador, havendo recebido os originais, fará análise prévia breve quanto à forma e ao conteúdo, priorizando:

1. **Diagnóstico:** acerca da qualidade de impressão e legibilidade.

2. **Verificação:** da presença dos elementos componentes mínimos integrantes da obra.

3. **Validação:** acerca da pertinência do tema sendo proposto, quanto ao interesse para a pesquisa conscienciológica.

Admissão. Satisfazendo minimamente os requisitos apontados, a obra será considerada *passível de admissão* no Fluxo Editorial.

Notificação. O editor entrevistador notificará ao *Conselho Editorial* a recente aprovação.

Desacordo. Havendo discordâncias da parte do editor entrevistador em relação aos requisitos mínimos solicitados para ingresso da obra no fluxo, o Conselho deverá, da mesma forma, ser notificado a ratificar esse posicionamento e a obra, eventualmente, poderá retornar ao(s) autor(es), que avaliarão a disposição ou não de efetuar os ajustes necessários para futura ressubmissão.

5.3. Atribuições do Editor Responsável por Obra

Supervisão. Considerada *admitida* no fluxo editorial, a obra terá a supervisão de um editor, membro do Conselho, responsável por acompanhar todo o processo de produção.

Atribuição. Compete ao editor designado as 10 atribuições, em ordem lógica:

01. **Notificar:** ao(s) autor(es) que acompanhará a produção da obra, esclarecendo que a etapa do *Parecer* será a definitiva quanto à decisão da EDITARES de acolher ou não o texto.

02. **Esclarecer:** ao(s) autor(es) que a EDITARES não tem por objetivo a preceptoria de escrita, da qual se incumbe outra *Instituição Conscienciocêntrica* – a *União Internacional de Escritores da Conscienciologia* (UNIESCON).

03. **Informar:** ao(s) autor(es) acerca de todas as etapas do fluxo revisional.

04. **Eleger:** em comum acordo com o(s) autor(es), os revisores, internos ou externos à EDITARES, em todas as etapas do fluxo editorial, encaminhando-lhes os textos e interagindo com eles até que se cumpram os objetivos de cada fase.

05. **Zelar:** pela observância aos prazos junto aos revisores, notificando-os periodicamente acerca das proximidades de término.

06. **Mediar:** as reuniões de devolutivas, nas quais os revisores interagem diretamente com o(s) autor(es), orientando-o(s) quanto aos ajustes necessários a serem empreendidos na obra.

07. **Auxiliar:** o(s) autor(es) a empreender as modificações solicitadas pelos revisores, ponderando sempre sobre a exequibilidade e pertinência das soluções apontadas.

08. **Verificar:** em cada etapa, se foram atendidos os requisitos indicados pelos revisores, antes de encaminhar a obra à fase seguinte do fluxo editorial.

09. **Atualizar:** o registro interno da obra no sistema de catalogação de obras em produção a cada modificação.

10. **Relatar:** periodicamente ao *Conselho Editorial* acerca do andamento da obra.

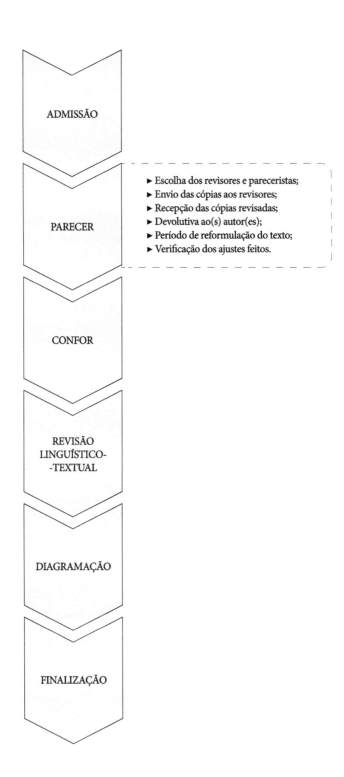

ADMISSÃO

PARECER
- ► Escolha dos revisores e pareceristas;
- ► Envio das cópias aos revisores;
- ► Recepção das cópias revisadas;
- ► Devolutiva ao(s) autor(es);
- ► Período de reformulação do texto;
- ► Verificação dos ajustes feitos.

CONFOR

REVISÃO LINGUÍSTICO-
-TEXTUAL

DIAGRAMAÇÃO

FINALIZAÇÃO

6. Parecer

6.1. Visão Geral

Definição. O *parecer de obra* é a manifestação de opinião funda-mentada acerca do conteúdo e da estrutura da obra, emitida pelo pa-recerista, homem ou mulher, especialista ou perito em determinado assunto ou com reconhecidas habilidades e experiência para responder à consulta da editora, visando subsidiar decisão futura acerca da conti-nuidade no fluxo editorial até a publicação.

Síntese. O parecer concernente à EDITARES é a avaliação reali-zada por especialista ou com notória experiência na temática da obra proposta, elencando os pontos fortes e fracos, analisando-a do ponto de vista conteudístico e o alinhamento com o *corpus* de conhecimento da Neociência Conscienciologia, a partir da Política Editorial vigente.

Originais. A primeira versão da obra, encaminhada à editora, é de-nominada de "originais", material sobre o qual os pareceristas convida-dos realizarão a primeira avaliação geral.

Utilidade. Por meio do parecer, o autor fica ciente sobre aspectos a melhorar no próprio texto e aqueles já em nível de excelência, além de ter uma perspectiva da coesão com a linha editorial, notadamente o desenvolvimento embasado pelo paradigma consciencial.

Forma. Nesta fase do parecer, a primeira no sequenciamento do fluxo editorial, não é realizada a revisão fina, minuciosa, na forma da obra (ortografia, pontuação, cacofonia). Entretanto, os pareceristas podem verificar eventuais erros na forma ou vícios de linguagem, os quais podem dificultar o entendimento ou gerar interpretação dúbia do conteúdo.

Leitura. Norteado pelo *princípio da interassistência,* o parecerista é convidado a realizar a leitura crítica de *toda* a obra para obter a visão de conjunto acerca do objetivo proposto pelo autor. Ao longo da leitu-ra, também é sugerido que assinale diretamente nos originais as marcas de revisão heterocrítica de conteúdo e forma, com o foco na melhor abordagem assistencial (didática, objetiva e pontual) para ajudar o autor a corrigir os erros encontrados, apontando soluções práticas.

6.2. Orientação ao Parecerista

Roteiro. A EDITARES propõe aos pareceristas, ao modo de sugestão, roteiro para a apreciação dos originais, a partir de 2 grandes eixos – a *Apreciação Geral da Obra* e a *Estrutura Geral,* respectivamente desenvolvidos nos 20 aspectos listados em ordem lógica:

01. **Fundamentação.** Os argumentos estão embasados no paradigma consciencial? Há fidedignidade aos conceitos, neologismos, teorias, técnicas e abordagens da Conscienciologia? Caso negativo, especifique:

a. **Abordagem.** A obra apresenta abordagens moralistas, demagógicas, eufemísticas ou melífluas?

b. **Autovitimização.** Há autovitimizações no texto?

c. **Apologia.** A obra faz alguma apologia anticosmoética?

d. **Natureza.** A obra é de natureza religiosa, dogmática, doutrinária, demagógica, mística ou esotérica, artística, ficcional, romanceada ou literária (contos, fábulas, poesias)?

02. **Público-alvo.** A quais leitores a obra se destina: jejunos em Conscienciologia, intermissivistas iniciantes, intermissivistas veteranos?

03. **Originalidade.** A obra oferece contribuições originais? No texto predominam repetições de outros livros? O livro é uma releitura de outros livros? O livro é uma *colcha de retalhos* de outros livros?

04. **Aprofundamento.** A obra aborda o tema proposto de modo superficial ou aprofundado?

05. **Teática.** A obra é teática ou há excesso de elucubrações filosóficas sem teor prático? Há afirmações peremptórias ou radicalismos no texto?

06. **Argumentação.** A argumentação do autor é sólida, lógica, coerente, didática e embasada em fatos / parafatos?

07. **Didática.** O autor consegue conduzir o leitor em linha de raciocínio linear, crescente ou lógica?

08. **Objetivos.** Os objetivos propostos foram atingidos ao longo da obra?

09. **Descrenciologia.** A obra convida o leitor a praticar o *princípio da descrença?*

10. **Especialidade.** A obra possui especialidade conscienciológica explicitada ao final? Caso afirmativo, está coerente? Caso negativo, qual a sugestão?

11. **Equívocos.** Há conceitos, termos ou ideias equivocadas, erradas ou incorretas? Quais?

12. **Omissões.** Há assuntos, ideias, argumentos, exemplos ou conceitos sobre a temática da obra que *não* foram devidamente abordados? Há omissões deficitárias? Quais?

13. **Plágio.** Há ideias, conceitos, pensamentos, frases e técnicas de outros autores / livros mencionados e não referenciados? Quais?

14. **Título.** O título da obra está coerente com o conteúdo? Ele se aplica ao subtítulo?

15. **Introdução.** A introdução apresenta adequadamente o tema, a estrutura, os objetivos e a metodologia empregada no livro?

16. **Capítulos.** Os capítulos são adequados e coerentes com o objetivo da obra? Há capítulos deslocados ou desconectados?

17. **Ordem.** A ordem dos capítulos é didática? Poderia melhorar a ordem?

18. **Encadeamento.** Há conexão lógica entre as partes que compóem a obra? Há encadeamento lógico entre os capítulos, parágrafos e frases? Há ideias ou pensamentos soltos, desconectados uns dos outros?

19. **Equilíbrio.** Os diferentes temas e capítulos são abordados com igual profundidade? Há capítulos / temáticas muito extensos em relação a outros?

20. **Conclusão.** A obra possui conclusão? Os argumentos conclusivos são consistentes e estão encadeados com os conteúdos expostos nos capítulos?

Devolutiva. Concluídos os pareceres, a equipe da EDITARES, por meio do editor ou editora da obra proposta, organiza e faz a mediação da devolutiva dos pareceres ao autor ou autores, etapa a ser melhor detalhada em item subsequente.

6.3. Perfil de Parecerista

Definição. O *perfil de parecerista* é o conjunto de traços consciencias, trafores ou habilidades capazes de tornar alguém apto à consecução das tarefas relativas à apreciação fundamentada sobre obra escrita original, ainda não publicada.

Características. Eis, em ordem alfabética, 18 traços ou atributos, não exaustivos, passíveis de compor o perfil de parecerista de obra conscienciológica:

01. **Abertismo consciencial.**
02. **Autoconfiança intelectual.**
03. **Autorganização revisiológica.**
04. **Autossinalética energética parapsíquica.**
05. **Autossustentabilidade energética.**
06. **Comprometimento tarístico.**
07. **Comunicabilidade.**
08. **Conhecimento do paradigma consciencial.**
09. **Criticidade cosmoética.**
10. **Curiosidade pesquisística.**
11. **Detalhismo.**
12. **Disponibilidade interassistencial.**
13. **Especialismo conscienciológico:** a importância de pelo menos 1 dos pareceristas ser especialista na temática da obra em análise.
14. **Exaustividade.**
15. **Generalismo conscienciológico.**
16. **Gosto pela grafoassistência.**
17. **Leitor de obras conscienciológicas.**
18. **Visão de conjunto.**

6.4. Devolutiva de Parecer

Definição. A *devolutiva de parecer* é a reunião de retorno para o autor, ou autores, da apreciação geral dos pareceristas sobre a obra proposta, mediada pelos integrantes do *Conselho Editorial*, com objetivo de auxiliar na qualificação ou ainda fundamentar a avaliação de não alinhamento à política editorial da EDITARES.

Reunião. A devolutiva do parecer, assim como de outros retornos ao autor, durante o fluxo editorial, tem características ao modo das 9 listadas, em ordem alfabética:

1. **Abordagem.** A apreciação da obra tem caráter traforista, visando ressaltar os traços-força, porém sem omitir os trafares, incongruências e outras vulnerabilidades gesconográficas.

2. **Campo.** A formação de campo interassistencial, fraterno e mentalsomático, que ocorre na devolutiva de parecer, favorece a compreensão do autor no entendimento às heterocríticas formuladas e a comunicação clara sem equívocos.

3. **Diálogo.** O método utilizado para a devolutiva é o diálogo entre autor e parecerista, podendo ocorrer a devolução de cada parecer ou o entrosamento dos dois pareceres, havendo assim o reforço e complementação das observações dos pareceristas.

4. **Equipex.** A presença de equipex de função ocorre devido ao caráter multidimensional da obra, a intencionalidade tarística e a interassistência mentalsomática.

5. **Fundamentação.** As heterocríticas formuladas pelos pareceristas devem ser fundamentadas por escrito antecipadamente, conforme modelo de parecer técnico, e comunicadas verbalmente durante a reunião, havendo explicitação e detalhamento das questões.

6. **Holopensene.** A mentalsomaticidade interassistencial é o holopensene característico da devolutiva de parecer, conforme o trinômio acolhimento-orientação-encaminhamento.

7. **Mediação.** O papel do mediador ou mediadores é o de epicentrar a reunião contribuindo na manutenção do padrão hígido, na facilitação dos diálogos e no esclarecimento de possíveis equívocos na intercomunicação.

8. **Oportunidade.** A apreciação do parecerista é oportunidade ímpar para o autor verificar o efeito da obra sobre o especialista ou generalista, enquanto primeiro leitor técnico com olhar qualificado.

9. **Sugestão.** As heterocríticas do parecerista podem vir acompanhadas de sugestões visando contribuir para a qualificação da obra.

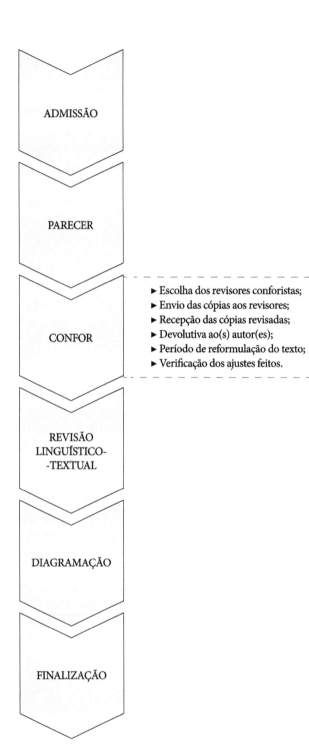

ADMISSÃO

PARECER

CONFOR

- ▶ Escolha dos revisores conforistas;
- ▶ Envio das cópias aos revisores;
- ▶ Recepção das cópias revisadas;
- ▶ Devolutiva ao(s) autor(es);
- ▶ Período de reformulação do texto;
- ▶ Verificação dos ajustes feitos.

REVISÃO
LINGUÍSTICO-
-TEXTUAL

DIAGRAMAÇÃO

FINALIZAÇÃO

7. Revisão de Confor

7.1. Objetivos

Correção. Finalizadas as correções do(s) autor(es) indicadas pelos revisores da etapa de parecer, o editor responsável encaminhará o texto atualizado à próxima etapa do fluxo revisional – a revisão de confor.

Requisito. O *conforista* (revisor de confor) precisa ser conscin experiente não apenas em leitura, mas igualmente em escrita conscienciológica, habituada à redação de artigos, verbetes da *Enciclopédia da Conscienciologia* e / ou livros.

Avaliação. A *revisão de confor* tem o propósito de avaliar a qualidade da integração entre conteúdo e forma na obra. É fundamental para tanto que o texto seja lido *integralmente* pelo revisor, verificando se atende ao objetivo proposto pelo autor.

Heterocrítica. Ao longo da leitura, o revisor de confor deve assinalar, nos originais recebidos, as marcas de revisão heterocrítica de conteúdo e forma, observando os seguintes pontos:

1. **Delimitação.** Estabelecer clara distinção entre correção e sugestão, por exemplo, adotando canetas de cores diferentes ou mencionando explicitamente a categoria da anotação feita.

2. **Precisão.** Fornecer indicações precisas dos pontos a serem ajustados, apontando soluções práticas e exequíveis.

3. **Assertividade.** Evitar marcações vagas, sem fornecer ao autor indicações precisas de reformulação; por exemplo: pontos de interrogação isolados, reticências.

4. **Assistência.** Refletir sobre a melhor abordagem assistencial, esclarecendo o autor, mediante as sugestões dadas, a como reelaborar as passagens que necessitem de reformulação.

7.2. Avaliação

Análise. Eis 14 tópicos a serem avaliados pelo revisor de confor, relacionados em ordem funcional:

01. **Estilística.** Avaliar se o texto tem estilo uniforme, padronizado e coerente, detectando mudanças súbitas de um ponto a outro. Pontuar se a linguagem é clara ou rebuscada, confusa ou hermética, científica ou literária.

02. **Discurso.** Avaliar se a pessoa do discurso é mantida ao longo da obra (1ª, 2ª ou 3ª pessoa) ou se, havendo troca, a mesma é coerente com as especificidades do conteúdo abordado.

03. **Ambiguidades.** Assinalar frases, conceitos ou parágrafos que sejam ambíguos, obscuros, mal formulados ou mal escritos.

04. **Redação.** Verificar se a obra apresenta coerência e coesão textuais, assinalando eventuais erros de estrutura, vícios de linguagem, erros de digitação ou cacofonias.

05. **Omissões.** Detectar se há fontes essenciais pertinentes ao tema da obra que *não* foram citadas / utilizadas na bibliografia.

06. **Repetições.** Identificar, se houver, trechos, ideias, temáticas que se repetem desnecessariamente ao longo do livro.

07. **Desatualizações.** Indicar se há fatos, dados, datas, estatísticas e / ou pontoações desatualizadas ou defasadas.

08. **Pontuação.** Verificar se há muitas frases longas e parágrafos imensos de difícil interpretação, que necessitam ser fracionados em unidades menores para melhor compreensão do texto.

09. **Vocabulário.** Analisar a qualidade do vocabulário utilizado, atentando para o adequado recurso às sinonímias e aos neologismos conscienciológicos.

10. **Enumerações.** Conferir se as enumerações existentes são didáticas, exaustivas e bem empregadas ou enfadonhas, excessivas, ambíguas e / ou repetitivas.

11. **Arcaísmos.** Identificar as expressões arcaicas usadas no texto (exemplo: holochacra), sugerindo, quando pertinente, a substituição por neologismos equivalentes. Nem sempre o arcaísmo é indesejável e o revisor deve saber avaliar quando a mudança se faz necessária.

12. **Citações.** Avaliar a pertinência das citações internas (a outros livros, autores, *sites* ou fontes), conforme os padrões estabelecidos em capítulo específico desta obra. É importante observar se há excesso de

citações, transparecendo que o autor delega a outras fontes a responsa-bilidade sobre a informação veiculada.

13. **Remissões.** Conferir se há padrão das remissões intercapitula-res, ou seja, a maneira pela qual o autor indica ao leitor outros capítulos na obra a serem consultados.

14. **Referências.** Avaliar criteriosamente as referências biblio-gráficas, filmográficas, infográficas etc., verificando se seguem única formatação. Identificar qual norma empregada: *Bibliografia Específica Exaustiva* (BEE), ABNT ou outra, conferindo se há omissões de dados nas fontes.

7.3. Orientações quanto ao Estilo

Uniformidade. O revisor de confor deve identificar, na leitura, o estilo pretendido pelo autor ao longo da obra, verificando se o mes-mo é mantido ao longo do texto ou se há quebra na proposta adotada, considerando as 3 variantes, em ordem lógica:

1. **Estilo livre:** parágrafos sem epígrafes em negrito.
2. **Estilo apostilhado:** parágrafos com epígrafes em negrito.
3. **Estilo neoenciclopédico:** restrição do estilo apostilhado, onde o texto contém parágrafos com epígrafes em negrito, observando es-tritamente as indicações verbetográficas da *Enciclopédia da Conscien-ciologia.*

Especificação. No caso de estilo apostilhado ou neoenciclopédico, cumpre avaliar as 3 seguintes variáveis, em ordem lógica:

1. **Abrangência:** a manutenção aproximada de 1 assunto por pará-grafo, sugerindo eventuais quebras e possíveis novas epígrafes àqueles considerados extensos demais.
2. **Epigrafia:** a adequação de cada epígrafe em negrito, observando se constitui síntese clara do conteúdo do parágrafo que encabeça.
3. **Concisão:** o uso preferencial de, no máximo, uma palavra em epígrafes.

Precisão. No caso de opção pelo estilo neoenciclopédico, o revisor deverá verificar especialmente o confor dos sublinhamentos e das enu-merações verticais, observando 3 requisitos:

1. **Coerência enunciativa:** a menção à quantidade de itens elencados; a menção à natureza ou categoria dos itens enumerados, preparando o leitor para a correta abordagem aos itens; a menção à ordem sob a qual os itens serão explicitados (alfabética, lógica, funcional, dentre outras).

2. **Regularidade enumerativa:** a escolha consistente das epígrafes negritadas em relação à natureza ou categoria prevista no enunciado. Por exemplo, se o enunciado prevê enumerar 5 tra*fores*, as epígrafes devem naturalmente referir-se a tra*fores*.

3. **Conformidade enumerativa:** a escolha consistente das separações entre epígrafes e preenchimentos. Se o autor usa dois pontos em negrito (:) após a epígrafe, o preenchimento deve constituir-se de frases complementares à epígrafe, considerando-a elemento participativo do detalhamento feito; além disso, o ponto final deverá também ser em negrito. Por outro lado, se o autor usa ponto (.) em negrito após a epígrafe, a redação do preenchimento é mais livre, sendo a epígrafe apenas elemento sintético; nesse caso, o ponto final não será em negrito.

EDITARES®

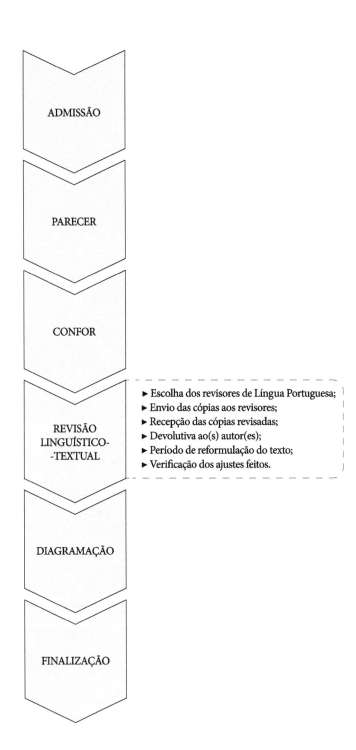

ADMISSÃO

PARECER

CONFOR

REVISÃO
LINGUÍSTICO-
-TEXTUAL

► Escolha dos revisores de Língua Portuguesa;
► Envio das cópias aos revisores;
► Recepção das cópias revisadas;
► Devolutiva ao(s) autor(es);
► Período de reformulação do texto;
► Verificação dos ajustes feitos.

DIAGRAMAÇÃO

FINALIZAÇÃO

8. Revisão Linguístico-Textual

8.1. Panorâmica

Expertise. A *revisão linguístico-textual* dos originais é feita por equipe de voluntários especialistas nas normas da língua sob análise.

Análise. Trata-se de processo criterioso no qual o texto é revisado em seus aspectos ortográficos, sintáticos e semânticos, buscando deixá-lo livre de incorreções, além de mais fluido, claro, coerente e coeso.

Alterações. Eventuais propostas de mudanças no conteúdo da obra visam a melhorias no texto, do ponto de vista linguístico e da normalização, procurando expressar as ideias da melhor forma possível.

Correção. As sugestões são apreciadas pelo autor, podendo ser acatadas ou não. Caso haja alguma objeção do autor às modificações sugeridas pela equipe de revisão, a obra volta para os devidos ajustes. Se não houver necessidade de alterações, a obra segue para a etapa seguinte do fluxo editorial.

Regras. Todas as convenções gramaticais inerentes à produção de textos científicos em geral devem naturalmente ser observadas na produção conscienciológica estrita.

Especificidades. Entretanto, a *Conscienciografologia* apresenta peculiaridades bem documentadas, reunidas no *Manual de Redação da Conscienciologia* (VIEIRA, 2002).

8.2. Antiparasitismo

Parasitas. Eis as 4 categorais de *parasitas da linguagem,* definidas pelo propositor da Conscienciologia no tratado *Homo sapiens reurbanisatus* (VIEIRA, 2004, p. 27 e 28):

1. **Artigos indefinidos:** um (por extenso), uma, uns, umas.

2. **Combinações de preposição** (*em* com o artigo indefinido *um* e flexões): num, numa, nuns, numas.

3. **Partícula** *que:* em múltiplas classes gramaticais, empregada excessivamente por puro realce (expletiva).

4. **Pronomes possessivos:** meu, minha, meus, minhas; nosso, nossa, nossos, nossas; seu, sua, seus, suas; teu, tua, teus, tuas; vosso, vossa, vossos, vossas.

Ocorrência. A evitação do emprego de parasitas é estritamente observada em duas obras conscienciológicas referenciais:

1. *Homo sapiens reurbanisatus:* o tratado no qual o próprio conceito de parasitismo é introduzido.

2. *Enciclopédia da Conscienciologia:* a megagescon grupal.

Recomendação. Embora a eliminação dos parasitas não seja obrigatória nas obras produzidas na EDITARES, é indicada, quando possível, a minimização da ocorrência de tais elementos no texto, em especial nos casos de opção pelo estilo apostilhado.

8.3. Quantificação

Numerais. A enunciação de quantidades por meio de numerais no texto deve preferencialmente ser feita mediante a representação dos mesmos em algarismos, arábicos ou romanos, conforme exija o contexto.

Exceção. O feminino "duas" é grafado por extenso.

8.4. Tropos Técnicos

Recurso. Os *tropos* são recursos expressivos utilizados com a finalidade de abordar certa ideia de maneira não literal, substituindo-a por outra, não necessariamente assemelhada, com a qual guarda relação de analogia ou contiguidade.

Tecnicidade. Os Capítulos 134 e 135 do tratado *Homo sapiens reurbanisatus* (VIEIRA, 2004, p. 343 a 348) dedicam especial atenção à utilização dos tropos enquanto recurso tarístico, para além da abordagem puramente poética ou literária, com intuito de promover maior *rapport* comunicativo com o público interlocutor, ampliando a interassistência mediante o enriquecimento da expressividade.

Evitações. No contexto da tarefa do esclarecimento, cumpre utilizar sobriamente os tropos, evitando floreios, rebuscamentos excessivos, circunlóquios, hipérboles, ambiguidades ou outros quaisquer elementos prejudiciais à clareza e à objetividade da mensagem a ser veiculada.

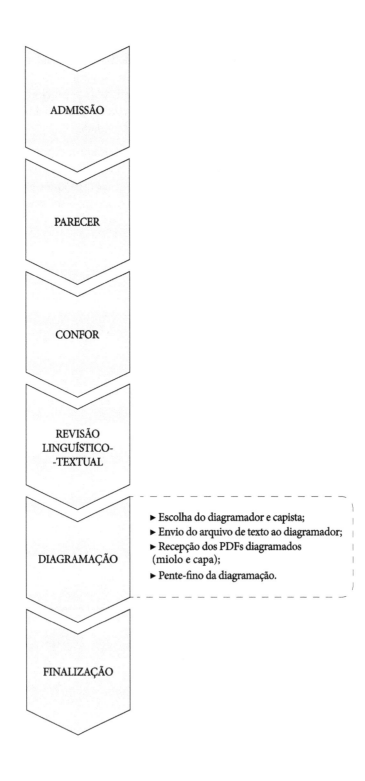

ADMISSÃO

PARECER

CONFOR

REVISÃO
LINGUÍSTICO-
-TEXTUAL

DIAGRAMAÇÃO

▸ Escolha do diagramador e capista;
▸ Envio do arquivo de texto ao diagramador;
▸ Recepção dos PDFs diagramados
(miolo e capa);
▸ Pente-fino da diagramação.

FINALIZAÇÃO

9. Diagramação

9.1. Escolha do Diagramador

Definição. O *diagramador* é a conscin incumbida da realização gráfica da obra, a partir dos originais previamente tramitados pelas 3 fases revisionais do fluxo editorial.

Categorias. Do ponto de vista da *Conscienciocentrologia,* distinguem-se duas modalidades de diagramadores:

1. **Voluntários:** aqueles vinculados ao voluntariado na EDITARES, que realizam a tarefa sem percepção de ganhos monetários.

2. **Externos:** aqueles não vinculados ao voluntariado na EDITARES, normalmente profissionais do ramo, cabendo ao(s) autor(es) a remuneração pelo serviço prestado.

Recomendação. Dadas as especificidades inerentes à editoração de obras conscienciológicas, no caso de opção por diagramador externo, a EDITARES incentiva a escolha de profissionais comprovadamente experientes quanto aos requisitos conformáticos, cabendo ao editor responsável a indicação dos mesmos.

Orçamento. Fica inteiramente sob responsabilidade do(s) autor(es) o custeio das despesas de diagramação, quando realizada por profissional do ramo, externo ao voluntariado.

Capa. O invólucro da obra pode ser elaborado pelo próprio diagramador ou por profissional específico (capista), cabendo ao(s) autor(es) a escolha.

9.2. Projeto Gráfico

Discussão. O *projeto gráfico* é o conjunto de decisões acordadas entre o(s) autor(es), o editor responsável e o diagramador, visando à materialização gráfica da obra.

Elementos. Eis, na ordem lógica, pelo menos 7 itens norteadores do processo de diagramação, a serem estabelecidos no projeto gráfico:

1. **Dimensionamento:** o tamanho das páginas do livro, buscando equacionar extensão e facilidade posterior de manuseio.

2. **Secionamento:** as opções gráficas quanto à explicitação do sequenciamento da estrutura hierárquica da obra (partes, capítulos, subseções).

3. **Paginação:** a extensão das margens; o posicionamento da mancha textual; a estrutura dos cabeçalhos e rodapés.

4. **Tipografia:** as fontes de caracteres utilizadas nos títulos e no texto.

5. **Ilustrações:** o posicionamento e acabamento das figuras ou complementos gráficos, bem como as respectivas legendas.

6. **Tabelas:** a padronização das tabelas.

7. **Índices:** a formatação dos indexadores da obra.

Supervisão. O editor responsável deve estar ciente de todas as decisões estabelecidas na fase do projeto gráfico, interferindo quando necessário para manter a sobriedade e o caráter científico exigidos nas publicações conscienciológicas, em especial no caso de diagramadores externos.

9.3. Diagramação

Molde. Consiste em receber o arquivo finalizado depois de todas as etapas, importando as informações para o *software* de editoração profissional. Nesse momento molda-se o texto, o que chamamos de diagramação.

Formatação. Existem muitos conceitos e preferências, e também, estudos indicando os tipos de formatação conforme o público direcionado.

Público. O público de destino das informações divulgadas caracteriza-se por níveis de instrução e de conhecimentos específicos diferenciados. Com base nos níveis de densidade e homogeneidade da instrução e do conhecimento específico, pode-se agrupar referido público para fins de produção da informação em linguagem adequada a cada um desses níveis.

Leitura. O êxito na leitura do texto é definido pelo grau em que o leitor consegue lê-lo à velocidade ótima, entendê-lo e interessar-se por ele.

Leitor. Em relação ao leitor, os fatores que mais afetam a capacidade de leitura são a idade, o grau de instrução e o hábito de leitura.

Espaçamento. Importa utilizar espaço considerável entre parágrafos para dar respiro, agrupar o texto e, com isso, evitar cansar os olhos do leitor e o embaralhamento mental, atentando aos ajustes óticos, à modulação vertical e horizontal, à espessura da linha, ao equilíbrio entre cheios e vazios, espaçamento entre letras, viúvas, forcas, órfãos, rios, dentes de cavalo (jargões técnicos).

Fluidez. O objetivo é sempre não impactar, nem chamar atenção (exceto quando proposital) para o leitor não quebrar o ritmo do raciocínio.

Margens. A margem interna (espaço do corpo do texto da página e a lombada) bem dimensionada evita a necessidade de forçar a abertura da página para a leitura. Deve-se também deixar espaço entre o texto e o fim da folha (as bordas) com equilíbrio conforme o tamanho da fonte e da página, sem causar sensação de estrangulamento.

Harmonia. A diagramação harmoniosa conduz o leitor ao prazer, à fluidez e não cansa ao longo do tempo.

Coloração. Também é importante a escolha do papel conforme o projeto. A leitura em papel *offset* branco ou pólen *soft* (cor creme) leva a experiências diferentes.

Espessura. É igualmente importante não usar papel muito fino, menos de 75 g/m^2 ou grosso demais, acima de 90 g/m^2, podendo comprometer o manuseio do livro.

9.4. Prova

Etapa. Após a diagramação e a composição da obra com os elementos pré e pós-textuais, os arquivos (capa e miolo) são encaminhados para confecção da prova (boneco).

Boneco. Em linguagem editorial, "o boneco" significa a primeira materialização em papel do resultado da diagramação, simulando aproximadamente a aparência final.

Finalidade. O boneco é usado para identificar e prevenir falhas que não foram ou não poderiam ser identificadas sem a geração do "protótipo".

Reajustes. Nele ainda se detectam ajustes ou correções da futura obra, eventualmente necessários, antes de ser encaminhada para impressão.

Capa. Utiliza-se também boneco da capa para prova de cores, tendo a ideia mais próxima do resultado final.

Pente-fino. A modificação do boneco é momento crítico, caso haja necessidade de ajustes, podendo comprometer boa parte do trabalho de diagramação. Alterações pontuais podem ter efeitos em cascata, exigindo a reconferência de espaços, viúvas, tabelas, sumário, bibliografia, índices (geográfico, onomástico, remissivo e outros), em benefício do encadeamento.

Gráfica. Após as correções no boneco e rediagramação, confere-se as correções no arquivo em formato PDF e encaminha-se para a gráfica para proceder à impressão da obra.

Finalização. Não havendo outros ajustes no arquivo, dá-se por finalizada a etapa de diagramação da obra.

ADMISSÃO

PARECER

CONFOR

REVISÃO
LINGUÍSTICO-
-TEXTUAL

DIAGRAMAÇÃO

FINALIZAÇÃO

▶ Elaboração da Ficha Catalográfica;
▶ Inscrição no ISBN;
▶ Orçamento com as gráficas;
▶ Pedido de prova gráfica (boneca);
▶ Revisão da prova gráfica;
▶ Últimos ajustes;
▶ Envio para a impressão definitiva;
▶ Submissão aos parceiros comerciais.

10. Finalização

10.1. Orçamento e Impressão da Obra

Gráficas. De posse do projeto gráfico e do número final de páginas da obra diagramada, são realizados orçamentos em pelo menos 3 gráficas para apresentar ao autor.

Escolha. Após a avaliação dos preços e prazos de pagamento, o autor escolhe o orçamento que mais lhe aprouver para a impressão da obra.

Detalhes. O editor deve esclarecer ao autor os detalhes da impressão da obra, contemplando, dentre outros, os 6 itens dispostos em ordem funcional:

1. **Capa:** os detalhes estéticos da capa, tais como verniz localizado, especificação CMYK, *pantone°*, brilho, fosco, dentre outros.

2. **Acabamento:** flexível, brochura, capa dura.

3. **Tipo do papel:** *offset,* pólen *soft*, pólen *bold, Reciclato, couché.*

4. **Guarda:** opção de haver guarda (proteção reforçando a capa) ou não.

5. **Lombada:** colada, costurada, redonda ou quadrada.

6. **Cores:** caso haja páginas com informações coloridas, será necessário indicar a quantidade e o(s) número(s) da(s) página(s), com o cuidado de situá-las em único bloco de dobra de papel para redução do custo.

Produção. Após a escolha da gráfica e ciente dos detalhes de impressão, o autor autoriza a produção da obra.

10.2. Revisão de Provas

Prova. A gráfica encaminha as provas (bonecos) de miolo e de capa para serem aprovados pelo autor. Nessa ocasião o editor faz novo pente-fino da obra.

Ajustes. Caso sejam identificados erros, são realizados ajustes e os arquivos são reenviados novamente ao site da gráfica.

10.3. Autorização para a Impressão da Obra

Impressão. A impressão da obra é realizada pela gráfica.

Pagamento. Nesta etapa é feito o pagamento da impressão da obra. O autor procede o depósito, a título de doação, na conta da EDITARES e esta faz o repasse para a gráfica.

Comprovante. O comprovante deve ser enviado para o *E-mail* financeiro1@editares.org.

10.4. Disponibilização para a Venda

Parcerias. A ampliação das parcerias com importantes *marketplaces,* nacionais e estrangeiros, promoveu o acesso às publicações pelos intermissivistas nos mais distantes rincões do Planeta.

Vantagem. A disponibilização de obras em parceiros eletrônicos diminui consideravelmente as necessidades de impressão e estocagem. A tiragem atual dos livros lançados atende às demandas de distribuição das obras e possibilita melhor gestão administrativo-financeira da IC.

Recebimento. Após o recebimento da obra impressa, o editor responsável faz nova conferência e autoriza a comercialização da obra.

Preço. O setor financeiro da editora calcula o preço de venda e libera a obra para a venda nos parceiros comerciais.

10.5. Parcerias com Lojas Físicas

Parceiros. A Editora mantém a venda em lojas físicas sob a modalidade de parceria em que as obras são enviadas em consignação. É mantido o acompanhamento periódico entre o volume remetido e as vendas efetivamente realizadas.

Livrarias. Fazem parte atualmente destas parcerias (Ano-base: 2021), as livrarias Epígrafe, Kunda e UmLivro.

10.6. Parcerias com *Marketplaces*

Tendência. Atenta às tendências mundiais do mercado editorial, a EDITARES investiu em novas modalidades de disponibilização das obras em diversos *marketplaces,* aumentando a capacidade de acesso dos leitores. Neste sentido eis, em ordem funcional, 4 modalidades de difusão passíveis de serem adotadas pela EDITARES:

1. *Print on demand* **(PoD).** A disponibilização da obra sob demanda, modelo em que o leitor compra no *site* dos parceiros, o livro é produzido na exata quantidade demandada e entregue no endereço indicado. Pode-se destacar, pelo menos, as 4 vantagens a seguir, em ordem funcional, de referida modalidade:

a. **Estoque.** Redução do estoque físico na editora, eliminando a necessidade de espaços grandes para o armazenamento dos livros.

b. **Preocupação.** Eliminação da preocupação com o esgotamento físico da obra, pois ela sempre estará disponível nos *sites* dos parceiros comerciais.

c. **Acesso.** Ampliação do acesso aos leitores em qualquer parte do Planeta.

d. **Economia.** Redução dos custos da editora com pessoal e logística para a venda, embalagem e entrega dos livros ao cliente.

2. *E-book.* Seguindo a evolução da leitura em *kindle, tablet, smartphone* e *notebook,* encontram-se disponíveis 42 obras em referida modalidade (Ano-base: 2021).

3. ***Portable document format*** **(PDF) acessível.** Adequando-se à acessibilidade digital, a editora está implementando o projeto que torna obras em PDF acessíveis aos deficientes visuais.

4. ***Audiobook.*** Outra modalidade de acessibilidade em desenvolvimento pela editora.

III.
Lançamento da Obra

11. Celebração Multidimensional

Definição. O *lançamento do livro* é o evento organizado pela editora e / ou parceiros comerciais com objetivo de divulgar e apresentar a obra e o(s) autor(es) para o público.

Relevância. O ato de lançar o livro é duplamente importante. Para a editora comemora-se a finalização de todo o trabalho do processo editorial materializado na publicação; para o autor é a chancela no completismo da gestação consciencial com anos de pesquisa, trabalho, empenho e dedicação na concretização da neoprodução conscienciológica.

Publicação. Tornar a obra oficialmente pública significa disponibilizá-la ao encontro dos leitores interessados no tema, sendo o lançamento o marco de posicionamento e responsabilização do autor quanto à própria escrita.

Efeito. A publicação de obra conscienciológica vinca, portanto, a passagem do escritor por esta vida humana crítica. *Descarta-se o soma, mas a obra permanece.*

Retribuição. A publicação do livro, em especial ao intermissivista, efetiva a prestação de contas em relação aos ganhos evolutivos proporcionados pela vivência do paradigma consciencial, sejam eles por meio das verpons ou das infraestruturas facilitadoras para o desenvolvimento gesconológico, usufruindo de suportes institucionais e conscienciais para materializar a obra.

Equipex. A obra interassistencial conta sempre com o apoio de equipe extrafísica interessada no crescimento evolutivo das consciências. Diante disso, o autor é o protagonista de obra, com apoio de vários coadjuvantes.

Fronteira. O lançamento é a última etapa editorial e a primeira etapa da divulgação tarística da obra, representando a celebração interdimensional, pois o autor compartilha com o público parte do próprio legado para a posteridade multiexistencial.

Lives. Devido ao anúncio de pandemia (Data-base: 11.03.2020) pela Organização Mundial da Saúde (OMS), a recomendação de evitar atividades presenciais com aglomeração de pessoas fez surgir a modalidade *online* de difusão de obras, por meio de *lives*.

Prévia. A antecipação do lançamento do livro geralmente ocorre no *Círculo Mentalsomático,* realizado no *Tertuliarium,* ambiente de debates do campus do *Centro de Altos Estudos da Conscienciologia* (CEAEC), aos sábados, no horário das 9h00 às 10h45.

Assentos. Didaticamente o Quadrante A da estrutura física destinada ao público participante em eventos no *Tertuliarium* é destinado exclusivamente aos autores de livros, autores de capítulos de livros ou verbetógrafos da *Enciclopédia da Conscienciologia* com mais de 50 verbetes defendidos.

Mérito. O autorando, ao atingir a neogescon e o neopatamar autoral, conquista o mérito de ocupar assento no Quadrante A do *Tertuliarium* (TELES, 2021).

12. Aspectos Operacionais

12.1. Facilitadores

Facilitadores. Segundo a *Interassistenciologia,* eis, em ordem alfabética, 13 fatores facilitadores encontrados na realização do evento de lançamento:

01. **Acolhimento.** Atuar com disposição íntima para o acolhimento do público presente, incluindo autores, convidados e familiares.

02. **Cerimonial.** Escrever no roteiro do cerimonial apenas o essencial, dispensando aberturas muito longas ou excesso de formalismos que engessam a solenidade, tornando-a demorada.

03. **Confiança.** Confiar mutuamente nos colegas de voluntariado inspira maior disposição em cooperar, compartilhar conhecimentos e comprometer-se com os resultados almejados.

04. **Criatividade.** Ser criativo, inovador e dinâmico, principalmente para beneficiar o evento. Equipes criativas conseguem desenvolver melhor as demandas e encontram soluções mais rápidas para os problemas.

05. **Equilíbrio.** Manter o equilíbrio íntimo ajuda a lidar com os momentos de conflitos de maneira assertiva, contribuindo para o desassédio da própria equipe.

06. **Flexibilidade.** Ter traquejo para lidar com os possíveis imprevistos, inclusive mudanças de última hora referentes ao texto do cerimonial.

07. **Heterocríticas.** Saber ouvir as reclamações e heterocríticas, com lucidez e discernimento, pois elas podem contribuir para reajustes necessários.

08. **Organização.** Organizar é fundamental para conquistar resultados positivos, pois ao especificar com objetividade e clareza, ao modo de *checklist,* o passo a passo de cada ação a ser realizada, facilita o desenvolvimento do evento, desde a programação geral, estratégias de divulgação e serviços necessários.

09. **Planejamento.** Planejar embasa toda a organização do evento, especificando as atividades, quando fazê-las e quem as realizará.

10. **Proatividade.** Ter espírito coletivo, com prontidão para ajudar os demais membros da equipe, assumindo as demandas e responsabilidades com entrega, empenho, lealdade e firmeza.

11. **Público.** Ter a estimativa do público para facilitar a organização do evento. Nesse sentido é fundamental a divulgação efetiva para atrair participantes, por meio de *banners,* vídeos, *lives, Facebook, Twitter, Instagram* ou até mesmo o *WhatsApp.*

12. **Respeito.** Respeitar as diferenças se faz essencial ao êxito do trabalho em equipe.

13. **Trafores.** Aplicar os pontos fortes pessoais para beneficiar as demandas do grupo, com respeito mútuo às competências individuais.

12.2. Grupalidade em Eventos de Lançamento

Benefícios. Sob a ótica da *Evoluciologia,* eis, em ordem alfabética, 15 benefícios ao grupo, relativos à realização do evento:

01. **Aglutinação.** Possibilitar a chegada e acesso de outras consciências intermissivistas.

02. **Aprendizagem.** Gerar a troca enriquecedora de conhecimentos, experiências e informações.

03. **Assertividade.** Ajudar a promover comunicação mais assertiva.

04. **Assistencialidade.** Adquirir autoconfiança assistencial com mais tecnicidade.

05. **Autopesquisa.** Aprofundar a autopesquisa promovendo reciclagens íntimas.

06. **Cognição.** Possibilitar a ampliação cognitiva pessoal sobre diversas áreas.

07. **Cosmovisão.** Ampliar a visão das etapas necessárias, ou seja, ver além das próprias atividades, incluindo melhorias gerais e soluções mais estruturadas, facilitando o trabalho em equipe.

08. **Criatividade.** Fomentar a criatividade de modo a contribuir em vários aspectos do evento, com soluções inovadoras.

09. **Desassédio.** Encaminhar consciexes do grupo com demandas assistenciais.

10. **Expansão.** Contribuir para a difusão da Ciência Conscienciologia.

11. **Fraternismo.** Ampliar a Cosmoética e a empatia nas interrelações, desenvolvendo o amadurecimento consciencial.

12. **Grupalidade.** Possibilitar o desenvolvimento da grupalidade cosmoética evolutiva, com a vivência teática, promovendo a união, empatia, senso de grupo e respeito às diferenças.

13. **Neoautores.** Estimular os neoautores por meio do autexemplarismo do autor, ao compartilhar com o público a concretização da nova obra conscienciológica.

14. **Parapsiquismo.** Desenvolver e qualificar o parapsiquismo nas interrelações.

15. **Sinergismo.** Fortalecer interação sinérgica no grupo, com fraternismo.

IV.

Obras com Tratamento Específico

13. Obras em Língua Estrangeira

Tradução. A EDITARES possui setor internacional responsável pela edição e publicação de obras em língua estrangeira. Para publicar os livros, é necessário encaminhar para a editora os originais traduzidos e revisados em documento *Word*.

Revisão. A revisão de conteúdo obrigatoriamente precisa ser realizada pelo menos por 1 voluntário nativo no idioma correspondente ao publicado.

Procedimentos. Após receber a obra traduzida, cabe à EDITARES entrar em contato com o autor para explicar os procedimentos de publicação, conforme os 3 passos a seguir, em ordem funcional:

1. **Categoria.** Verificar qual tipo de publicação o autor deseja: impresso, *E-Book* ou *Print on Demand* (PoD).
2. **Custos.** Fazer o orçamento da diagramação e enviá-lo ao autor.
3. **Escolha.** Definir o diagramador.

Pós-textuais. Cabe à EDITARES enviar ao diagramador o texto traduzido e as páginas complementares referentes à obra.

Tradução. Os textos serão traduzidos conforme respectivo idioma do livro.

Ficha catalográfica e ISBN. Finalizado o pente-fino da diagramação, o editor responsável solicita a ficha catalográfica e o ISBN. A obra retorna ao diagramador para a inserção dos dados e reenvio ao editor para nova revisão com a finalidade de certificar-se se o miolo está finalizado.

Capa. Em geral, usa-se a mesma capa da edição em português. O texto é traduzido no idioma correspondente e a capa é feita pelo diagramador. Após a montagem, é enviada para o tradutor ou um voluntário nativo na língua para fazer a revisão, observando o texto e a existência de viúvas.

Distribuição. Com esse procedimento, é possível ampliar a distribuição da obra que pode ser adquirida por leitores de qualquer país. Para isto, basta acessar o *site* da *Amazon* e solicitar o livro.

Idiomas. A EDITARES tem *expertise* na publicação de livros nos idiomas alemão, espanhol, inglês e romeno.

14. Periódicos

Parcerias. Ampliando o leque assistencial, a EDITARES efetiva parcerias com outras *Instituições Conscienciocêntricas,* viabilizando a editoração de periódicos científicos.

Abrangência. No portfólio da EDITARES, consta a linha de periódicos composta pela revista Gescons, da própria Editora, assim como outras publicações feitas em parcerias.

Responsabilidades. As parcerias são firmadas contemplando os compromissos de cada parte:

A. **Do parceiro:**

01. **Conteúdo.** Seleção de artigos.
02. **Confor.** Revisão de conteúdo dos artigos.
03. **Gramática.** Revisão de português e outros idiomas, se houver.
04. **Tradução.** Tradução dos textos.
05. **Reexame.** Revisão de tradução.
06. **Diagramação.** Diagramação do periódico.
07. **Correção.** Revisão de diagramação.
08. **Dispêndio.** Pagamento da diagramação, se for o caso.
09. **Desembolso.** Pagamento de impressão, se houver.
10. **Revisão.** Revisão final de todo conteúdo.
11. **Cessão.** Termo de doação dos direitos autorais dos autores para a EDITARES.
12. **Doação.** Estoque e distribuição de exemplares para doação, se for o caso.
13. **Publicidade.** Divulgação dos periódicos por meio de atividades de itinerância e mídias sociais.

B. **Da EDITARES:**

01. **Detalhismo.** Pente fino da diagramação do periódico.
02. **Impressão.** Orçamentos e escolha de gráfica para impressão da revista, se houver. Sendo o custo da impressão por conta do parceiro.

03. **PoD.** Disponibilização da revista por serviço *Print on demand* (PoD) nos parceiros comerciais da EDITARES.

04. *E-book.* Disponibilização do *E-book,* se houver. Sendo o custo de diagramação para a referida modalidade por conta do parceiro.

05. **Distribuição.** Distribuição do periódico, caso haja a impressão custeada pelo parceiro.

06. **Exposição.** Inclusão do periódico no *site* da Editora e na lista de títulos publicados pela EDITARES constante ao final dos livros.

07. **Promoção.** Disponibilização de promoção do *E-book* a ser sorteado nos eventos de lançamento, se houver.

08. **Divulgação.** Divulgação do periódico em eventos de lançamento, em diferentes mídias sociais.

09. **Publicação.** Inclusão do periódico em todos os meios de divulgação da EDITARES (*site, Facebook, Instagram,* catálogo, etc).

10. **Precificação.** Definição do preço de capa.

11. **Tiragem.** Solicitação de tiragem nos parceiros comerciais da Editora, a preço de custo, para o *Conselho Editorial* do periódico, quando solicitado, ficando o custeio a cargo da IC parceira.

V.
Procedimentos Jurídicos

15. Aspectos Legais

15.1. Conceitos

Definição. Do ponto de vista legal, a *Associação Internacional EDI-TARES* é a *Instituição Conscienciocêntrica* (IC) conscienciológica, associação civil de direito privado, sem fins lucrativos, científica, educacional, político-apartidária, independente e universalista, dedicada à divulgação da ciência Conscienciologia e suas especialidades, regulada pelo respectivo Estatuto Social e normas legais pertinentes.

Objetivos. Conforme previsão estatutária, são 6 os objetivos da EDITARES:

1. **Pesquisa.** Pesquisar, estudar, experimentar, divulgar, promover e estimular investigações científicas em Conscienciologia, enfatizando a produção e difusão de publicações conscienciológicas, com o objetivo primordial de prestar assistência às pessoas de modo geral.

2. **Edição.** Editar, distribuir e vender livros, revistas, jornais, CDs, DVDs, *eBooks* e outros tipos de materiais impressos ou digitais em mídia eletrônica, no Brasil e no exterior.

3. **Publicação.** Fomentar e apoiar a produção e difusão de livros e publicações em geral.

4. **Estímulo.** Estimular a produção intelectual de autores no Brasil e no exterior, de obras científicas, culturais e conscienciológicas que tenham por objetivo a tarefa do esclarecimento.

5. **Incentivo.** Promover e incentivar o hábito da leitura e da escrita.

6. **Educação.** Educar e desenvolver pesquisadores e docentes para atuação no setor editorial da Conscienciologia.

Promoção. Para plena consecução dos objetivos estatutários, é necessária, em especial, a observação da legislação nacional correlata ao direito autoral.

15.2. Legislação Aplicável

Constituição Federal. O direito autoral é considerado direito fundamental e, portanto, considerado cláusula pétrea na atual Constituição Federal Brasileira, datada de 1988. Tal previsão encontra-se no Art. 5º, XXVII e XXVIII, destacando-se:

> XXVII - aos autores pertence o direito exclusivo de utilização, publicação ou reprodução de suas obras, transmissível aos herdeiros pelo tempo que a lei fixar;
>
> XXVIII - são assegurados, nos termos da lei:
>
> a) a proteção às participações individuais em obras coletivas e à reprodução da imagem e voz humanas, inclusive nas atividades desportivas;

STF. O Supremo Tribunal Federal, no julgamento da ADI 5.800, assim definiu direito autoral:

> O direito autoral é um conjunto de prerrogativas que são conferidas por lei à pessoa física ou jurídica que cria alguma obra intelectual, dentre as quais se destaca o direito exclusivo do autor à utilização, à publicação ou à reprodução de suas obras, como corolário do direito de propriedade intelectual (art. 5º, XXII e XXVII, da Constituição Federal). [ADI 5.800, rel. min. Luiz Fux, j. 8-5-2019, P, DJE de 22-5-2019]

Lei. A regulamentação da previsão dos direitos autorais é realizada através da Lei n. 9610/98. Essa apresenta definições no Art. 5º, destacando-se:

> I - Publicação - o oferecimento de obra literária, artística ou científica ao conhecimento do público, com o consentimento do autor, ou de qualquer outro titular de direito de autor, por qualquer forma ou processo.
>
> (...)
>
> IV - Distribuição - a colocação à disposição do público do original ou cópia de obras literárias, artísticas ou científicas, interpretações ou execuções fixadas e fonogramas, mediante a venda, locação ou qualquer outra forma de transferência de propriedade ou posse.

(...)

VIII - Obra:

a) Em coautoria - quando é criada em comum, por dois ou mais autores.

(...)

d) Inédita - a que não haja sido objeto de publicação.

e) Póstuma - a que se publique após a morte do autor.

f) Originária - a criação primígena.

g) Derivada - a que, constituindo criação intelectual nova, resulta da transformação de obra originária.

h) Coletiva - a criada por iniciativa, organização e responsabilidade de uma pessoa física ou jurídica, que a publica sob seu nome ou marca e que é constituída pela participação de diferentes autores, cujas contribuições se fundem numa criação autônoma.

Autoria. O autor é pessoa física que cria a obra, contudo, a lei autoriza que a proteção concedida ao autor pode ser aplicada às pessoas jurídicas. A identificação do autor pode ser através de nome civil, completo ou abreviado, de pseudônimo ou qualquer outro sinal convencional.

Coautoria. Ao coautor são asseguradas todas as faculdades inerentes à criação de obra individual, com a vedação para questões passíveis de acarretar prejuízo à exploração da obra comum.

Auxílio. Nos termos da lei, não se considera coautor quem simplesmente auxiliou o autor na produção da obra literária, artística ou científica, revendo-a, atualizando-a, bem como fiscalizando ou dirigindo sua edição ou apresentação por qualquer meio.

Requisito. Tratando-se a EDITARES de Associação sem fins lucrativos, atuando através do voluntariado de seus membros, e, visando a sua autossutentabilidade, é requisitado ao autor a celebração do contrato de cessão de direitos autorais como condição para editoração.

Desassédio. Tal providência tem se mostrado elemento importante no desassédio do processo editorial e garantia da finalização da editoração em caso de situações adversas do autor.

15.3. Cessão de Direitos

Cessão. A celebração do contrato de cessão de direitos é realizada seguindo os ditames da legislação pertinente:

Da Transferência dos Direitos de Autor

> Art. 49. Os direitos de autor poderão ser total ou parcialmente transferidos a terceiros, por ele ou por seus sucessores, a título universal ou singular, pessoalmente ou por meio de representantes com poderes especiais, por meio de licenciamento, concessão, cessão ou por outros meios admitidos em Direito, obedecidas as seguintes limitações:
>
> I - A transmissão total compreende todos os direitos de autor, salvo os de natureza moral e os expressamente excluídos por lei.
>
> II - Somente se admitirá transmissão total e definitiva dos direitos mediante estipulação contratual escrita.
>
> III - Na hipótese de não haver estipulação contratual escrita, o prazo máximo será de cinco anos.
>
> IV - A cessão será válida unicamente para o país em que se firmou o contrato, salvo estipulação em contrário.
>
> V - A cessão só se operará para modalidades de utilização já existentes à data do contrato.
>
> VI - Não havendo especificações quanto à modalidade de utilização, o contrato será interpretado restritivamente, entendendo-se como limitada apenas a uma que seja aquela indispensável ao cumprimento da finalidade do contrato.
>
> Art. 50. A cessão total ou parcial dos direitos de autor, que se fará sempre por escrito, presume-se onerosa.
>
> § 1º Poderá a cessão ser averbada à margem do registro a que se refere o Art. 19 desta Lei, ou, não estando a obra registrada, poderá o instrumento ser registrado em Cartório de Títulos e Documentos.
>
> § 2º Constarão do instrumento de cessão como elementos essenciais seu objeto e as condições de exercício do direito quanto a tempo, lugar e preço.

Obras póstumas. As obras póstumas são as publicadas após a dessoma (falecimento) do autor. Para tanto, no âmbito da EDITARES, faz-se necessária a observação de 1 entre os 3 requisitos abaixo relacionados, dispostos em ordem de abrangência:

1. **Autor.** O autor conceder a cessão de direitos autorais à EDITARES antes da dessoma: nesse caso, há a possibilidade legal de publicação, uma vez que o contrato de cessão prevê a vinculação da vontade do autor aos seus sucessores.

2. **Sucessores.** Os sucessores do autor concedem a cessão de direitos autorais à EDITARES: nesse caso, não houve a assinatura formal dos direitos autorais pelo autor em vida, contudo os herdeiros sabedores do desejo do *de cujos*, resolvem assinar a respectiva cessão de direitos em favor da EDITARES.

3. **Público.** A obra já se encontra em domínio público: nesse caso, será necessário aguardar 70 anos após a dessoma do autor. Para contagem desse prazo, considera-se o primeiro dia do ano subsequente ao óbito.

Pessoalidade. O autor sempre será pessoa física, mas ele pode transferir os direitos autorais para pessoa jurídica. É o caso, por exemplo, de obra institucional, na qual os autores ou voluntários podem repassar a determinada *Instituição Conscienciocêntrica* (IC) os direitos autorais da obra. Essa IC poderá procurar a EDITARES para fazer a edição ou até mesmo outra editora.

Direitos morais. O autor faz a cessão de direitos patrimoniais à EDITARES, os direitos morais são por força de lei *inalienáveis e irrenunciáveis*, conforme recorte da Lei n. 9610/98, abaixo citada:

> Art. 22. Pertencem ao autor os direitos morais e patrimoniais sobre a obra que criou.
>
> Art. 23. Os coautores da obra intelectual exercerão, de comum acordo, os seus direitos, salvo convenção em contrário.
>
> Art. 24. São direitos morais do autor:
>
> I - O de reivindicar, a qualquer tempo, a autoria da obra.
>
> II - O de ter seu nome, pseudônimo ou sinal convencional indicado ou anunciado, como sendo o do autor, na utilização de sua obra.

III - O de conservar a obra inédita.

IV - O de assegurar a integridade da obra, opondo-se a quaisquer modificações ou à prática de atos que, de qualquer forma, possam prejudicá-la ou atingi-lo, como autor, em sua reputação ou honra.

V - O de modificar a obra, antes ou depois de utilizada.

VI - O de retirar de circulação a obra ou de suspender qualquer forma de utilização já autorizada, quando a circulação ou utilização implicarem afronta à sua reputação e imagem.

VII - O de ter acesso a exemplar único e raro da obra, quando se encontre legitimamente em poder de outrem, para o fim de, por meio de processo fotográfico ou assemelhado, ou audiovisual, preservar sua memória, de forma que cause o menor inconveniente possível a seu detentor, que, em todo caso, será indenizado de qualquer dano ou prejuízo que lhe seja causado.

§ 1º Por morte do autor, transmitem-se a seus sucessores os direitos a que se referem os incisos I a IV.

§ 2º Compete ao Estado a defesa da integridade e autoria da obra caída em domínio público.

§ 3º Nos casos dos incisos V e VI, ressalvam-se as prévias indenizações a terceiros, quando couberem.

Art. 27. Os direitos morais do autor são inalienáveis e irrenunciáveis.

Obras coletivas. Em obras coletivas, é necessária a cessão de direito de todos os autores para a EDITARES ou para determinada IC que poderá contratar a EDITARES.

Especificidades. Situações que envolvam conteúdos, manuais e procedimentos de ICs e não configurando obra institucional, a EDITARES adota protocolos paradiplomáticos utilizando a comunicação clara, objetiva e cosmoética entre as partes visando a convivência sadia e a interassistência multidimensional.

VI.
Estrutura da Obra

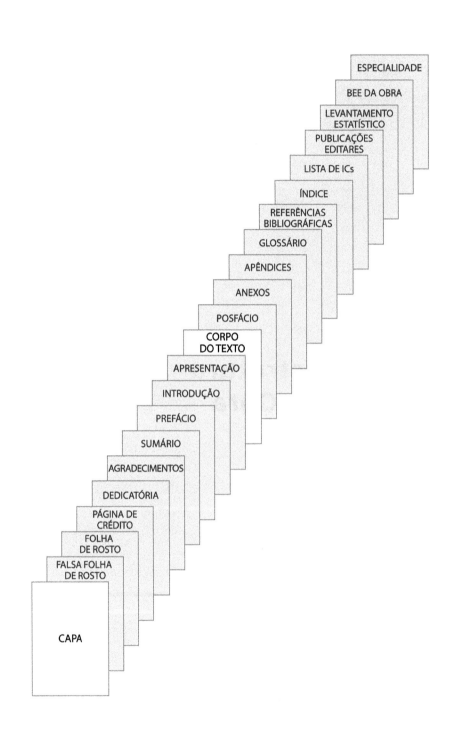

ESPECIALIDADE

BEE DA OBRA

LEVANTAMENTO
ESTATÍSTICO

PUBLICAÇÕES
EDITARES

LISTA DE ICs

ÍNDICE

REFERÊNCIAS
BIBLIOGRÁFICAS

GLOSSÁRIO

APÊNDICES

ANEXOS

POSFÁCIO

CORPO
DO TEXTO

APRESENTAÇÃO

INTRODUÇÃO

PREFÁCIO

SUMÁRIO

AGRADECIMENTOS

DEDICATÓRIA

PÁGINA DE
CRÉDITO

FOLHA
DE ROSTO

FALSA FOLHA
DE ROSTO

CAPA

16. Quadro Sinótico

Síntese. O quadro sinótico apresenta os elementos que estruturam as obras, abordados nos Capítulos 17, 18 e 19:

Posição	Elemento	Obrigatório?
Pré--Textual	Falsa Folha de Rosto (Página 1)	✓
	Página do *Conselho Editorial* (Página 2)	✓
	Folha de Rosto (Página 3)	✓
	Página de Créditos (Página 4)	✓
	Dedicatória	
	Agradecimentos	
	Sumário	✓
	Prefácio	
	Introdução	✓
	Apresentação da Obra	
Textual	Seções (ou Partes)	
	Capítulos	✓
Pós--Textual	Posfácio	
	Apêndice	
	Anexo	
	Glossário	
	Referências Bibliográficas	✓
	Índices	
	Lista de *Instituições Conscienciocêntricas*	✓
	Histórico de Publicações da EDITARES	✓
	Levantamento Estatístico da Obra (Penúltima página)	✓
	Autorreferência Bibliográfica (Penúltima página)	✓
	Quadros: Especialidade e *Princípio da Descrença* (Última página)	✓
	Informações sobre a Tiragem Impressa (Última página)	✓

17. Elementos Pré-Textuais

Definição. Os *elementos pré-textuais* são os itens antecedentes ao conteúdo principal da obra e contribuem na identificação e utilização do livro.

Componentes. Nos itens seguintes, estão detalhados os principais elementos pré-textuais.

17.1. Falsa Folha de Rosto

Presença: obrigatória.

Definição. A *falsa folha de rosto* é a primeira página do livro, onde está impresso o título da obra, sem subtítulo. Pode também ser chamada de olho, anterrosto ou falso-rosto.

Verso. O verso da falsa folha de rosto é a página que apresenta a coordenação, o *Conselho Editorial* e a Equipe Técnica da EDITARES.

17.2. Folha de Rosto

Presença: obrigatória.

Definição. Considerada a página nobre do livro (MARTINS FILHO, 2016, p. 41), a *folha de rosto* é a terceira página do livro, contendo o nome do autor ou do(s) organizador(es), o título da obra, o subtítulo (quando houver), o logotipo da Editora, o local e ano de publicação da obra.

Acréscimos. Opcionalmente podem constar da folha de rosto o(s) nome(s) do(s) tradutor(es) e o número da edição.

Verso. O verso da folha de rosto é a página de créditos.

17.3. Página de Créditos

Presença: obrigatória.

Créditos. Devem constar na página de créditos todos os dados legais referentes à obra, assim como as referências às pessoas que contribuíram, de maneira voluntária ou remunerada, para a consecução do livro (ver APÊNDICE, item 04).

Componentes. Listados abaixo, em ordem funcional, outros elementos constantes da página 4 (crédito):

01. *Copyright* **(direito de crédito).** Deve vir acompanhado do símbolo © seguido do ano de publicação e do nome do detentor dos direitos autorais (neste caso é a EDITARES). Representa a segurança jurídica da Editora em relação ao autor e aos herdeiros.

02. **Número da edição.** Além do número da edição, devem ser registrados também os números das reimpressões e reedições. Referida informação é importante sob o viés bibliográfico. Quando há mais de uma edição, deve-se deixar registrado o Histório Editorial, contendo todas as edições da obra já publicadas pela editora, incluindo as de línguas estrangeiras (ver APÊNDICE, item 05).

03. **Editor.** Nome do integrante do Conselho Editorial responsável pelo acompanhamento da obra.

04. **Capa.** Nome do responsável pela elaboração da arte da capa da obra.

05. **Imagem de capa.** Nome(s) do(s) autor(es) das imagens utilizadas na capa.

06. **Ilustrador.** Nome do responsável pelas ilustrações da obra.

07. **Revisor(es).** Nome de todos os voluntários da EDITARES revisores de conteúdo e forma da obra.

08. **Revisor(es) de línguas.** Nome dos voluntários revisores da língua portuguesa e de outros idiomas.

09. **Revisão final.** Voluntário responsável pela revisão do conjunto da obra.

10. **Diagramação.** Nome do autor da diagramação da obra, seja voluntário ou remunerado.

11. **Impressão.** Nome da gráfica responsável pela impressão da obra.

12. **Dados Internacionais de Catalogação na Publicação (CIP).** Também conhecida como Ficha Catalográfica, é elaborada por volun-

tário da Conscienciologia, registrado no Conselho Regional de Biblio-teconomia (CRB), em formulários específicos da Câmara Brasileira do Livro· (www.cbl.org.br), em São Paulo. A finalidade precípua é a cata-logação dos livros. Deve ser elaborada quando o livro está diagramado e revisado, na fase de provas. Compõem a catalogação os seguintes itens:

    a. Nome da obra.
    b. Nome do(s) autor(es) e tradutor(es).
    c. Cidade e estado de publicação da obra.
    d. Nome da Editora.
    e. Ano de publicação da obra.
    f. Quantidade de páginas.
    g. *International Standard Book Number* (ISBN).
    h. Assuntos da obra.
    i. Classificação da obra (CDU ou CDD).
    j. Nome e CRB do Bibliotecário responsável pela ficha.

    11. **Dados da Editora.** Consiste na informação do endereço com-pleto, número do contato telefônico e dos *E-mails* para contato.

17.4. Dedicatória

Presença: opcional.

Definição. A *dedicatória* é a homenagem do autor à(s) pessoa(s) ou instituições de sua estima, devendo ser apresentada em página de frente (ímpar), mantendo o verso sem impressão.

17.5. Agradecimentos

Presença: opcional.

Definição. Os *agradecimentos* são o texto em que o autor reverencia os que contribuíram de maneira relevante à elaboração da publicação. Devem ser apresentados em página ímpar, mantendo o verso em branco, podendo constar também na apresentação ou no prefácio.

17.6. Sumário

Presença: obrigatória.

Definição. O *sumário* é a enumeração hierárquica dos títulos das seções, capítulos e outras partes da obra, na mesma ordem e grafia em que a temática é apresentada no decorrer do texto do livro.

Forma. Inicia-se em página ímpar, com função de facilitar a identificação das partes da obra. Deve aparecer na estrutura inicial dos escritos, sendo recomendada a descrição dos títulos dos capítulos de maneira breve e clara.

Norma. NBR 6027/2012, da *Associação Brasileira de Normas Técnicas* (ABNT).

17.7. Prefácio

Presença: opcional.

Definição. O *prefácio* é o texto iniciado em página ímpar, escrito pelo próprio autor, pelo editor ou por outra pessoa com reconhecida competência ou autoridade em determinada área, com a finalidade de esclarecer, comentar, justificar e tecer considerações a respeito da amplitude da pesquisa, do propósito ou da relevância do assunto tratado no livro.

17.8. Introdução

Presença: obrigatória.

Definição. A *introdução da obra,* sempre escrita pelo autor e iniciada em página ímpar, é a apresentação da proposta da obra ao leitor, constando dela os elementos considerados relevantes para confecção do trabalho, de maneira a facilitar a compreensão do conteúdo.

17.9. Apresentação da Obra

Presença: opcional.

Definição. A *apresentação da obra,* escrita pelo autor ou por terceiros e iniciada sempre em página ímpar, é a contextualização dos escritos, demonstrando a integração entre os capítulos e a temática central do livro. O texto deve situar o leitor sobre o objetivo da obra e ao final conter o(s) nome(s) do(s) autor(es).

18. Elementos Textuais

Desenvolvimento. Os *elementos textuais* referem-se à parte do trabalho onde é desenvolvido o conteúdo da obra.

Divisões. As divisões e subdivisões das partes do texto podem seguir o disposto na NBR 6024/2012 da ABNT, que fixa as condições para o sistema de numeração progressiva das divisões e subdivisões do texto de um documento, auxiliando na elaboração do sumário.

Desmembramento. Em se tratando de obra cujo conteúdo é desmembrado em múltiplas unidades, notadamente dicionários ou enciclopédias, os tomos correspondem aos distintos volumes físicos identificados por numeração sequencial.

Delimitação. O critério para finalizar o tomo e iniciar o seguinte pode basear-se tanto em separação lógica de conteúdo quanto em limitação de espessura para facilidade de manuseio.

18.1. Seção (ou Parte)

Presença: opcional.

Definição. A *seção (ou parte)* é o agrupamento sequencial de capítulos correlatos.

Critério. O fundamento para a divisão da obra em seções, ou a opção pela organização em seção única, é prerrogativa do autor, a partir da concepção acerca do agrupamento do conteúdo em unidades lógicas significativas.

Recomendação. É indicado que os títulos dados às seções introduzam esclarecimento sobre a maneira encontrada pelo autor de organizar o conteúdo da obra, devendo ser evitadas meras repetições de elementos óbvios sem acréscimo informacional.

Forma. As aberturas de seção devem aparecer em páginas ímpares, com verso em branco, ambas sem numeração, podendo ser acrescentados elementos sintéticos da unidade que se inicia.

18.2. Capítulo

Presença: obrigatória.

Unidade. O *capítulo* é a unidade primária da obra, eventualmente dividido em subseções.

Forma. As aberturas de capítulo figuram preferencialmente em páginas ímpares, com a enunciação do título seguida de pequeno texto introdutório, constituindo estrutura-molde a ser replicada regularmente no restante da obra.

Numeração. É usual não numerar a primeira página de cada capítulo, principalmente quando os números de página constam de cabeçalhos.

18.3. Títulos e Subtítulos

Presença: obrigatória.

Definição. Os *títulos* são designações internas do corpo do texto e devem ficar em destaque. O autor pode escolher o estilo que lhe aprouver.

Combinação. Este e outros aspectos relacionados à forma do livro podem ser acordados com o diagramador da obra.

18.4. Componentes Auxiliares

Presença: opcional.

Objetivo. Alguns elementos auxiliares podem ser usados no texto para sintetizar dados e facilitar a leitura e compreensão.

Tipologia. Fazem parte desse conjunto: as ilustrações, os quadros, os gráficos, as tabelas, as citações e as notas de rodapé.

Detalhamento. Na sequência, o destaque será para as citações e as notas de rodapé, por serem os elementos de uso frequente e merecedores de maior explanação.

18.4.1. Citações

Definição. Segundo Amadeu (2017, p. 79), a *citação* é:

> [...] a menção no texto de uma informação ou de trechos extraídos de outra fonte com a finalidade de esclarecer, ilustrar ou sustentar o assunto apresentado. A fonte de onde foi extraída a informação deve ser citada obrigatoriamente no texto ou em nota de rodapé, respeitando-se desta forma os direitos autorais. Os dados completos da fonte de onde foram extraídas as citações devem constar na lista de referências ao final do documento.

Tipos. Há diversas formas de citação, contudo vamos nos ater às modalidades mais corriqueiras: as diretas, as indiretas e a citação de fonte verbal.

Referências. Vale ressaltar que referências bibliográficas eventualmente mencionadas em citações devem estar descritas de maneira completa ao final da obra.

I. **Citação Direta**

Definição. Segundo Kroeff (2019, p. 25), a citação direta "é a transcrição literal do texto ou parte dele".

Tipos. As citações diretas podem ser:

1. **Curtas:** com até 4 linhas, entre aspas duplas, com o mesmo tipo e tamanho de letra da fonte original.

Exemplo:

De acordo com Vieira (2004, p. 78), "fora do microuniverso da consciência, a rigor, só existem outros microuniversos conscienciais. O resto, tudo o mais conhecido como sendo a *realidade,* é ilusão ou *Maya*".

Fonte: *Homo sapiens reurbanisatus* (VIEIRA, 2004, p. 78).

2. **Longas:** com mais de 4 linhas (a especificação mais exata dependerá da interação do autor com o diagramador, no sentido de preservar os parâmetros de estilo da obra). Podem ser transcritas em parágrafo distinto, com realce, de maneira a identificar a citação, contendo os 7 itens a seguir, em ordem funcional:

a. **Recuo:** suficiente para tornar o parágrafo destacado da margem esquerda (opcional).

b. **Fonte:** menor em relação às utilizadas no decorrer do texto (recomendado).

c. **Espaçamento:** simples.

d. **Aspas:** ausentes no caso de recuo.

e. **Indicação:** do autor, ano (4 dígitos) e página.

f. **Pontuação:** ponto final após a citação e após a autoria.

Exemplo:

Texto anterior à citação...

> Os **amparadores extrafísicos** atuam de acordo com a demanda interassistencial. Se os estudantes permanecem estagnados, apesar de todos os esforços didáticos e paradidáticos, fundamentados nos fatos e parafatos, fenômenos e parafenômenos, os amparadores buscam logicamente outras conscins assistíveis. Se há mérito pelos esforços da conscin amparanda, os amparadores ampliam a assistência. Conforme o acréscimo dos serviços, passam a atrair equipexes especializadas. Nesse caso, a Parelencologia aumenta e a Elencologia intrafísica se expande proporcionalmente, através da equipin. Dessa maneira, as reverberações interassistenciais vão ocorrendo *in crescendum* por meio de sincronicidades e parassincronicidades. (VIEIRA, 2014b, p. 81 e 82).

Texto posterior à citação...

Fonte: Léxico de Ortopensatas (VIEIRA, 2014b, p. 81 e 82).

II. Citação Indireta

Definição. A *citação indireta* é a menção não literal às ideias de outro(s) autor(es), mantendo, contudo, o sentido do texto original.

Formas. Segundo Amadeu (2017, p. 84), a citação indireta pode aparecer de duas formas, em ordem alfabética:

1. **Condensação:** a síntese de texto longo (capítulo, seção ou parte), sem alterar fundamentalmente a ideia do autor.

2. **Paráfrase:** a expressão da ideia do outro mencionada em palavras do autor do documento.

Recomendações. Em ambos os casos, é essencial observar os 4 itens, a seguir, em ordem funcional:

1. **Aspas:** ausentes.

2. **Fonte:** a mesma utilizada no texto no qual está inserida.

3. **Referência:** a indicação da(s) página(s) é opcional, porém recomendável.

4. **Pontuação:** ponto final após a citação (na sentença) e após a autoria, quando a referência é *a posteriori*.

Exemplo:

> Segundo o pesquisador e propositor das ciências *Projeciologia e Conscienciologia,* Waldo Waldo Vieira (1932–2015), por suposições lógicas de projetores conscientes, a parademografia é nove vezes maior do que a população terrestre, ou seja, para cada conscin na dimensão física, existem nove consciências extrafísicas correspondentes ou ligadas a esta (TORNIERI, 2018, p. 18).

Fonte: Mapeamento da Sinalética Energética Parapsíquica (TORNIERI, 2018, p. 18).

III. **Citação de Fonte Verbal**

Debates. No universo de escritores da *Comunidade Conscienciológica Cosmoética Internacional* (CCCI), alguns autores costumam utilizar a forma de citação verbal / oral, com base nos debates ocorridos em diversas atividades da Conscienciologia, tais como cursos, aulas, palestras e, em destaque, as falas do Prof. Waldo Vieira.

Parecer. Concernente a esse assunto, recomenda-se a leitura do Parecer referente à *Política Editorial sobre a Utilização de Citações em Livros Publicados pela EDITARES* (PARO & ZOLET, 2017):

> **Premissas.** A fonte oral, em geral, a exemplo das anotações pessoais de curso de qualquer natureza, deve ser evitada quando houver fonte escrita sobre o mesmo assunto para que não haja incoerências entre o conteúdo oral, com frequência mais coloquial, informal e dependente do contexto da fala, e o conteúdo escrito, com frequência mais técnico e preciso.
>
> **Oralidade.** Fontes orais devem respeitar 3 critérios: relevância, honestidade intelectual e verificabilidade.
>
> **Referência.** Fundamentada nos 3 critérios a indicação da fonte oral deverá ser indicada de modo explícito, a exemplo de "anotações de aula, curso do dia tal", ou ainda, empregando os padrões adotados pela ABNT (informação verbal).

Precisão. Sugere-se, para auxílio do leitor e revisor, havendo vídeos ou áudios gravados, a exemplo das tertúlias *online*, indicar o momento (tempo) da fala.

Exemplo:

Autorganização. De acordo com a *Experimentologia*, a autorganização leva a consciência para a convergência maior do megafoco existencial, condutor da Autodeterminologia e da vivência do atacadismo nas realizações. Tal condição é conquistada em séculos de autoesforços e propicia igualmente autoconfiança, tranquilidade íntima e bem-estar pessoal. (Waldo Vieira, Minitertúlia no CEAEC, em 10.04.13, anotações pessoais).

Fonte: Vontade (DAOU, 2014, p. 197).

18.4.2. Notas de Rodapé

Definição. Segundo Amadeu (2019, p. 114), as notas de rodapé são indicações, esclarecimentos, observações ou aditamentos ao texto feitos pelo autor, tradutor ou editor, evitando interromper a sequência lógica.

Localização. São colocadas ao pé da página onde ocorre a citação ou a menção sendo complementada, indicadas por asterisco ou número.

Complementação. Havendo indicação de referências bibliográficas em notas de rodapé, todas devem estar descritas de maneira completa ao final da obra.

19. Elementos Pós-Textuais

Definição. Os *elementos pós-textuais* são a parte complementar da obra, organizadas conforme as necessidades geradas pelo conteúdo do livro e constar no final do volume (MARTINS FILHO, 2016, p. 99).

19.1. Posfácio

Presença: opcional.

Definição. O *posfácio* é o recurso utilizado pelo autor ou por terceiros para completar a argumentação da própria obra. Apresenta matéria informativa ou explicativa surgida após a elaboração dos originais.

19.2. Apêndice

Presença: opcional.

Definição. O *apêndice* é o recurso utilizado pelo autor para completar a argumentação da própria obra. Deve ser precedido da palavra APÊNDICE, seguida pelo respectivo título.

Nomeação. Utilizam-se letras maiúsculas dobradas, na identificação dos apêndices, quando esgotadas as letras do alfabeto (ABNT, NBR 14724/2005).

Exemplos. Eis, em ordem alfabética, 7 categorias de conteúdos passíveis de compor apêndices:

1. **Entrevistas.**
2. **Quadros.**
3. **Questionários.**
4. **Relatórios.**
5. **Tabelas.**

19.3. Anexo

Presença: opcional.

Definição. O *anexo* é o texto ou documento, não elaborado pelo autor, que possui o objetivo de esclarecer, comprovar, fundamentar ou ilustrar a obra. Deve ser precedido da palavra ANEXO, seguida pelo respectivo título.

Nomeação. Utilizam-se letras maiúsculas dobradas, na identificação dos anexos, quando esgotadas as letras do alfabeto (ABNT, NBR 14724/2005).

Localização. Em se tratando de complementos de autoria diversa, os anexos devem aparecer após os apêndices, ao final da obra.

Exemplos. Eis, em ordem alfabética, 7 categorias de conteúdos passíveis de compor anexos:

1. **Estatísticas.**
2. **Estatutos.**
3. **Gráficos.**
4. **Imagens.**
5. **Mapas.**
6. **Normas.**
7. **Pareceres.**

19.4. Glossário

Presença: opcional.

Definição. O *glossário* é a relação de palavras ou expressões técnicas de uso restrito ou de sentido obscuro, utilizadas no texto, acompanhadas das respectivas definições (ABNT, NBR 14724/2005).

Ordenação. As entradas do glossário figuram em ordem alfabética.

Exemplo. Eis extrato de glossário constante de livro conscienciológico:

GLOSSÁRIO DA CONSCIENCIOLOGIA

Abordagem extrafísica – Contato de uma consciência com outra nas dimensões extrafísicas.

Acidente parapsíquico – Distúrbio físico ou psicológico gerado por influências energéticas, interconsciencias, doentias, em geral de origem extrafísica, ou multidimensional.

Acoplamento áurico – Interfusão das energias holochacrais entre duas ou mais consciências.

Agenda extrafísica – Anotação por escrito da relação de alvos consciencias extrafísicos, prioritários – seres, locais ou idéias – que o projetor projetado procura alcançar gradativamente, de maneira cronológica, estabelecendo esquemas inteligentes ao seu desenvolvimento.

19.5. Referências Bibliográficas

Presença: obrigatória.

Definição. A *lista de referências bibliográficas* é a enumeração de obras existentes sobre assunto específico ou de autor determinado, organizada em ordem alfabética, cronológica ou sistemática.

Normatização. Existem normas técnicas publicadas por instituições de pesquisa e agências normatizadoras para orientar o pesquisador a referenciar as próprias pesquisas.

Particularidades. Embora haja padrão para a regulamentação da redação do referencial bibliográfico, cada instituição, autor ou editora pode adotar normas específicas, com características singulares e personalizadas. As normas comumente utilizadas no Brasil por pesquisadores da academia são:

1. **ABNT:** Agência Brasileira de Normas Técnicas.

2. **APA:** *American Psychological Association.*

3. **ICMJE:** *Uniform Requirements for Manuscripts Submitted to Biomedical Journals,* organizadas pelo *International Committee of Medical Journal Editors Vancouver Group* (www.icmje.org).

BEE. A *Bibliografia Específica Exaustiva* é a técnica original da Conscienciologia, desenvolvida pelo propositor da Neociência e aplicada nas próprias obras.

Adaptações. A utilização de determinada norma técnica pode diferir, em alguns detalhes, de outras normas ou até dentro da mesma normativa (utilização de parágrafo, ponto ou vírgula, por exemplo). Cabe ao autor fazer a opção de sua preferência, dentro das regulamentações já estabelecidas.

Recomendações. A EDITARES não indica ao autor a norma a ser usada nas obras, contudo faz 2 recomendações, como segue:

1. **Escolha.** O autor deve fazer opção pela utilização de uma das 4 normas, quais sejam: ABNT, APA, BEE ou VANCOUVER.

2. **Consistência.** Escolhida a normativa, referido padrão deve ser mantido em toda a obra.

19.6. Índices[4]

Presença: opcional.

Definição. Elemento opcional composto pela lista de palavras ou frases ordenadas, seguindo determinado critério, que localiza e remete para as informações contidas no texto. Deve cobrir toda a obra, envolvendo do prefácio à última página do livro, incluindo rodapés, apêndices e anexos.

Organização. O índice deve ser organizado seguindo padrão lógico, de maneira a ser facilmente identificável pelo leitor.

Título. O título deve ser específico, a exemplo dos 4 a seguir, em ordem alfabética:

1. **Índice Cronológico.**
2. **Índice Geográfico.**
3. **Índice Onomástico.**
4. **Índice Remissivo.**

---

4   Para aprofundamento sobre a elaboração de índice, ver a NBR 6034/2004, da *Associação Brasileira de Normas Técnicas* (ABNT).

Classificação. Martins Filho (2016, p. 103) classifica os índices em 4 tipos, na ordem funcional:

1. **Geral.** Quando compreende toda a matéria do livro.

2. **Analítico.** Subdivide-se segundo assuntos principais determinados.

3. **Cronológico.** Aparece, em geral, em livros de história, agrupando nomes e fatos importantes sob a designação dos anos e épocas correspondentes.

4. **Onomástico.** Pode ser de nomes próprios de pessoas, de lugares, dentre outros, e é utilizado em obras de história ou histórico-literárias. Além disso, resume-se a registrar as referências de cada nome próprio, por exemplo: patronímico, antropônimo, topônimo, sem as subdivisões que ocorrem no índice analítico.

Apresentação. O índice deve ser apresentado da seguinte forma:

1. **Abertura:** em página distinta, após os apêndices e os anexos (se houver).

2. **Título:** no mesmo formato dos outros títulos de capítulos.

3. **Espaçamento:** com espaço maior separando a palavra índice do seu texto.

4. **Paginação:** contínua.

5. **Pertinência:** deve constar no sumário.

6. **Formatação:** a critério do autor.

19.7. Lista de *Instituições Conscienciocêntricas*

Presença: obrigatória.

Definição. A *lista de Instituições Conscienciocêntricas* (ICs) é o anexo obrigatório acrescentado em toda obra produzida na EDITARES, contemplando os dados relativos a todas as ICs associadas à *União das Instituições Conscienciocêntricas Internacionais* (UNICIN), existentes no momento da publicação do livro.

19.8. Histórico de Publicações da EDITARES

Presença: obrigatória.

Definição. O *histórico de publicações da EDITARES* é a lista de obras produzidas pela editora, acrescentada como anexo ao final de todos os livros.

Idiomas. São elencadas as obras editadas em diversos idiomas, notadamente estes 5, em ordem lógica:

1. **Português.**
2. **Inglês.**
3. **Espanhol.**
4. **Alemão.**
5. **Romeno.**

19.9. Levantamento Estatístico da Obra

Presença: obrigatória.

Definição. O *levantamento estatístico* é o inventário quantitativo de itens componentes do miolo apenas da obra (pontoações), organizado de maneira tabular e descrito na penúltima página (ímpar).

Conteúdo. A descrição abrange a quantificação dos seguintes itens:

01. **Caracteres:** a quantidade de caracteres existentes no miolo do livro (contabilizado pelo programa de diagramação).

02. **Palavras:** a quantidade de palavras existentes no miolo do livro (contabilizado pelo programa de diagramação).

03. **Linhas:** a quantidade de linhas existentes no miolo do livro (contabilizado pelo programa de diagramação).

04. **Parágrafos:** a quantidade de parágrafos existentes no miolo do livro (contabilizado pelo programa de diagramação).

05. **Páginas:** a quantidade total de páginas, devendo coincidir com aquela informada na Ficha Catalográfica da Página de Créditos.

06. **Seções:** a quantidade de seções (ou partes).

07. **Capítulos:** a quantidade de capítulos.

08. **Citações:** a quantidade de citações (epígrafes) feitas em aberturas de capítulos.

09. **Enumerações:** a quantidade de enumerações ou desmembramentos verticais de texto.

10. **Figuras:** a quantidade de figuras ou ilustrações, se houver.

11. **Bibliografias:** a quantidade de referências bibliográficas.

12. **Webgrafias:** a quantidade de itens de referência a sítios da *web*, se houver.

13. **Tabelas:** a quantidade de tabelas, se houver.

14. **Apêndices:** a quantidade de apêndices, se houver (complementos textuais redigidos pelo(s) autor(es)).

15. **Anexos:** a quantidade de anexos, se houver (complementos textuais não redigidos pelo(s) autor(es), importados de outras fontes).

16. **Glossário:** a quantidade de termos integrantes do Glossário, se houver.

17. *Instituições Conscienciocêntricas:* a quantidade de ICs mencionadas no respectivo adendo padronizado pela EDITARES.

18. **Entradas no Índice Remissivo:** a quantidade termos, simples e compostos, integrantes do Índice Remissivo, se houver.

Acréscimos. Dependendo da relevância que o autor ou o editor atribuam ao detalhamento de outros elementos, a tabela poderá ser ampliada, acomodando mais linhas de informação.

Exemplo. Eis extrato do levantamento estatístico presente na obra Léxico de Ortopensatas:

3	volumes
2.084	páginas
1.000	exemplares encadernados
26	letras do alfabeto
3.658.532	caracteres
562.471	palavras
76.673	linhas
33.911	parágrafos
7.518	verbetes (Letras de A a Z)
25.183	ortopensatas
652	conceitos analógicos
120	técnicas lexicográficas
24	*Instituições Conscienciocêntricas*

19.10. Autorreferência Bibliográfica

Presença: obrigatória.

Definição. A *Bibliografia Específica Exaustiva* (BEE) da própria obra é incluída após a tabela do levantamento estatístico, com a finalidade de estabelecer a versão definitiva da referência, evitando disparidades em citações ulteriores.

Elaboração. A técnica de construção da BEE prevê duas etapas:

1. **Fichamento:** o levantamento dos itens integrantes da BEE, de acordo com o *Manual de Fichamento Conscienciológico do Holociclo,* incluído no Manual de Verbetografia da Enciclopédia da Conscienciologia (NADER, Org., 2012, p. 319 a 354).

2. **Transcrição:** a concatenação ordenada dos elementos resultantes do fichamento, compondo sequência de itens separados por ponto e vírgula.

Software. A etapa de transcrição é sobremaneira facilitada mediante o uso da ferramenta *EasyBEE,* concebida pela *Associação Internacional de Enciclopediologia Conscienciológica* (ENCYCLOSSAPIENS) em 2016, e disponível em <http://encyclossapiens.space/easybee>.

Finalização. Havendo completado o fichamento do livro, o usuário da *EasyBEE* deverá transcrever os dados levantados para o formulário *online* apresentado na tela. Ao final, clicando em *Atualizar Fichamento,* surgirá no topo da página a BEE já pronta, que poderá ser copiada e colada para o documento de texto do livro.

Exemplo. Eis a autorreferenciação bibliográfica exaustiva relativa à obra Léxico de Ortopensatas:

Vieira, Waldo; *Léxico de Ortopensatas;* revisores Equipe de Revisores do Holociclo, CEAEC & EDITARES; 3 Vols.; 2.084 p.; 1 *blog;* 652 conceitos analógicos; 22 *E-mails;* 19 enus.; 1 esquema da evolução consciencial; 17 fotos; glos. 7.518 termos; 1.811 megapensenes trivocabulares; 1 microbiografia; 25.183 ortopensatas; 2 tabs.; 120 *técnicas lexicográficas;* 19 *websites;* 28,5 x 22 x 13cm; enc.; 2ª Ed. rev. e aum.; *Associação Internacional EDITARES;* Foz do Iguaçu, PR; 2019.

19.11. Especialidade, *Princípio da Descrença* e Dados de Impressão

Presença: obrigatória.

Definição. A *última página do livro* reúne 3 informações, em ordem funcional:

1. **Primeiro quadro:** os dados da especialidade conscienciológica sob a qual a obra foi elaborada.

2. **Segundo quadro:** o enunciado do *princípio da descrença*.

3. **Texto final:** os dados acerca da impressão, contendo 5 itens, em ordem funcional:

    a. **Dimensões:** altura e largura do livro, em centímetros.

    b. **Fontes:** tipografia utilizada em títulos e no texto (miolo e na capa).

    c. **Papéis:** tipo e gramatura utilizados (miolo e na capa).

    d. **Gráfica:** nome da gráfica onde foi feita a impressão.

    e. **Data:** de confecção.

Exemplo:

1. *ÁREA DE PESQUISA:*

Este livro pesquisa temas da
EXPERIMENTOLOGIA,
ESPECIALIDADE DA CONSCIENCIOLOGIA.

2. *PRINCÍPIO DA DESCRENÇA:*

*NÃO ACREDITE EM NADA, NEM MESMO NAS
INFORMAÇÕES EXPOSTAS NESTE LIVRO, O INTELIGENTE
É FAZER PESQUISAS PESSOAIS SOBRE OS TEMAS.*

EDITARES.

1ª Reimpressão [2021]

Esta obra foi composta no formato 28,0 x 21,0 cm. A fonte usada no miolo é *Times New Roman* 12. O papel do miolo é offset 75g/m², e o de capa é Papelão Nacional LD 1830 g/m². Impressa pela gráfica Edelbra para a editora Editares em abril de 2021.

Considerações Finais

Diversificação. Na *Era da Fartura,* múltiplas possibilidades descortinam-se ao intermissivista interessado em levar a público o produto dos autempenhos gesconológicos, dentre elas a opção por encaminhar o próprio livro à EDITARES.

Expertise. O diferencial de confiar a gescon aos cuidados de voluntários especializados é a tranquilidade íntima do autor ao contar com a experiência do acolhimento fraterno, do acompanhamento retilíneo e do apoio seguro nos momentos críticos de decisões quanto à obra, atributos interassistenciais consolidados em quase duas décadas de trabalho editorial, desde 2004.

Esclarecimento. Este compêndio explicitou vários aspectos concernentes ao funcionamento interno da EDITARES, notadamente o detalhamento das etapas integrantes do Fluxo Editorial, pelo qual tramita toda obra encaminhada, desde a admissão até o lançamento.

Aprimoramento. Objeto de constante reestruturação ao longo de sucessivas gestões conscienciocêntricas, o Fluxo Editorial encontra-se atualmente (Ano-base: 2021) em elevado patamar de depuração e eficiência, evidente na produtividade inabalada, a despeito dos tempos pandêmicos, e sem prejuízo de qualidade.

Exemplário. A organização recomendada aos autores para formatação e estruturação das obras foi também abordada, com a exemplificação exaustiva do conteúdo e do sequenciamento considerados mais adequados aos propósitos tarísticos.

Ponte. A transposição do *gap* aludido na Introdução desta obra – entre os esboços autorais e o livro publicado – está, portanto, didaticamente formulada e ilustrada, esclarecendo aos autores, editores e interessados o *modus operandi* editorial posto em prática na EDITARES.

Agradecimento. Reiteramos a gratidão aos amparadores extrafísicos, sem os quais nosso trabalho seria praticamente impossível de realizar.

Apêndice: Modelo de Livro

01. Falsa Folha de Rosto

Fonte: Manual da Tenepes (VIEIRA, 2020)

02. Verso da Falsa Folha de Rosto

Associação Internacional EDITARES

Coordenação Geral:

Nome

Nome

Conselho Editorial:

Nome

Nome

Nome

Nome

Nome

Nome

Nome

Equipe Técnica:

Nome

Nome

Nome

03. Folha de Rosto

WALDO VIEIRA,
Médico

MANUAL

DA

TENEPES

TAREFA ENERGÉTICA PESSOAL

4ª EDIÇÃO EM PORTUGUÊS

FOZ DO IGUAÇU - PR, Brasil
2020

Fonte: Manual da Tenepes (VIEIRA, 2020)

04. Verso da Folha de Rosto (página de créditos)

Capa: Débora Klippel e Luciano Melo.
Diagramação: Daniel Ronque.
Revisores gráficos: Ila Rezende, Liliane Sakakima, Milena Mascarenhas.

Dados Internacionais de Catalogação na Publicação (CIP)

V657m	Vieira, Waldo
	Manual da Tenepes : tarefa energética pessoal / Waldo Vieira. – 4. ed. Foz do Iguaçu : Editares, 2020.
	136 p.
	Inclui Bibliografia. ISBN 978-65-86544-01-5
	1. Conscienciologia. 2. Projeciologia. I. Título
	CDD 133

Tatiana Lopes CRB 9/1524

Associação Internacional Editares
Av. Felipe Wandscheer, nº 6.200, sala 100D, Cognópolis
Foz do Iguaçu, PR – Brasil – CEP: 85856-750
Tel/Fax: +55 45 9 9133 2818
Email: editares@editares.org – *Website:* www.editares.org.br

Fonte: Manual da Tenepes (VIEIRA, 2020)

05. Verso da Folha de Rosto (página de créditos em língua estrangeira)

Editorial History			Totals
Portuguese	1ª Edition: 1981	10.000 copies	
	2ª Edition: 1982	10.000 copies	
	3ª Edition: 1989	5.000 copies	
	4ª Edition: 1992	5.000 copies	
	5ª Edition: 1995	5.000 copies	
	5ª Edition: 1999 (reprint)	3.000 copies	
	6ª Edition: 2002	1.000 copies	
	7ª Edition: 2005	1.500 copies	
	8ª Edition: 2008	1.500 copies	
	9ª Edition: 2013	1.500 copies	
	9ª Edition: 2013	E-book	
	9ª Edition: 2013 (Audiobook)	300 copies	
	10ª Edition: 2018	2.000 copies	45.300
Spanish	1ª Edition: 1995	2.000 copies	
English	1ª Edition: 1995	3.000 copies	
	2ª Edition: 1997	3.000 copies	
	3ª Edition: 2007	6.500 copies	12.500
	4ª Edition: 2020	Print on demand	
	1ª Edition: 2020	Audiobook	

Author's rights to this edition have been transferred by the author to Editares.
The opinions, content, grammar and graphic revisions of
this work were made solely by Conscientiology volunteers.

Original Translation (1995): Alvaro Salgado, Kevin de La Tour, Simone de La Tour.
Updating and Revision: Alexander Steiner (1995), Jeffrey Lloyd (2018).
Proofreading: Denise Paro, Sergio Fernandes.
Typesetting: Matheus Nogueira.
Cover: Débora Klippel, Luciano Melo.

Card Catalog Information

Editares International Association
Av. Felipe Wandscheer, nº 6.200, sala 100 D – Cognópolis
Foz do Iguaçu, PR – Brasil – CEP: 85856-850
Tel/Fax: +55 45 99133-2818
E-mail: editares@editares.org – *Website:* www.editares.org.br

Fonte: *Projections of Counsciousness* (VIEIRA, 2020)

06. Dedicatória

DEDICATÓRIA

Aos meus colegas intermissivistas, inversores existenciais, tenepessistas, epicons, ofiexistas, rapazes, moças, homens e mulheres, abro a minha intimidade, em plena maturidade octogenária, confesso e ofereço, com os meus votos de bom proveito, este *Dicionário de Argumentos da Conscienciologia,* na verdade uma espécie de *Caderno Pessoal de Parapesquisas de Campo,* através do qual, e, obviamente, junto a vocês, venho buscando a vivência, oportuna, do estágio evolutivo, cosmoético, da semiconsciexialidade interassistencial.

O Autor

EDITARES

Fonte: Dicionário de Argumentos da Conscienciologia (VIEIRA, 2014)

07. Agradecimentos

AGRADECIMENTOS

Ao professor Waldo Vieira, pela preceptoria pensenográfica ao longo da última década, em Foz do Iguaçu, e incentivo à realização desta obra, além de orientações e revisões pontuais. Pelo convite aos intermissivistas à coparticipação na Enciclopédia da Conscienciologia.

A Moacir Gonçalves, o lançador da semente da dinâmica verbetográfica.

Ao Amin Lascani pelo companheirismo responsável na implementação do Programa Verbetografia, conceptáculo desta obra.

Aos professores do Programa Verbetografia, coautores desta obra, sempre predispostos às qualificações necessárias.

Aos primeiros revisores e avaliadores quanto à instrumentalidade da Apostila, versão protótipo desta obra, Julieta Mendonça, César Cordioli e Pedro Fernandes.

À Roseli Oliveira, pela revisão especializada das referências bibliográficas.

À Kátia Arakaki, pelas heterocríticas enriquecedoras e assessoria no trâmite inicial junto à Editares.

À Dulce Daou, pelo intercâmbio de ideias a qualquer momento, ao modo de amparadora intrafísica.

Aos participantes das 9 turmas do Programa Verbetografia, pelas heterocríticas e sugestões de acréscimos oportunos na então Apostila.

À Equipe CEAEC, pelo apoio nas edições das Apostilas, antecessoras desta obra.

À Equipe Editares, os revisores: Ulisses Schlosser, Erotides Louly e Helena Araújo; o editor: Maximiliano Haymann, pela assistência em todas as fases de elaboração da obra.

Aos amparadores, incansáveis paravoluntários.

Fonte: Manual da Verbetografia (NADER, Org., 2012)

08. Sumário

Fonte: Manual da Verbetografia (NADER, Org., 2012)

09. Prefácio

PREFÁCIO

TRABALHO GRUPAL

O livro "*Conscienciologia é Notícia*" é obra esperada e bem-vinda. Diversas circunstâncias multidimensionais atuantes há quase 15 anos (ano--base 2014) resultaram nesta publicação.

O trabalho desenvolvido pela equipe de organizadores, com determinação para manter-se unida, visando à conclusão do empreendimento, significou esforço constante e superações pessoais.

A equipe teve a solidariedade indispensável à complexidade da tarefa, reunindo-se regularmente em mútuo auxílio, para ativar de modo contínuo as energias indispensáveis à conclusão do proposto.

Estes voluntários conseguiram materializar a primeira produção literária da unidade Rio de Janeiro do IIPC. Essa vitória é exemplar ao superar determinado comportamento estagnador.

As etapas necessárias para transpor o registro gravado em áudio, sob a forma de texto, demandaram re-escritas do redigido. Estas idas e vindas das revisões podem, para alguns, representar dificuldades, mas aprofundaram o aprendizado coletivo.

O grupo de organizadores cresceu conscencialmente através das superações pessoais realizadas, porque esta empreitada exigiu mudanças interiores.

A transcrição das falas; a seleção e redação dos diálogos; a correção ortográfica e outras atividades trouxeram autoconfiança aos participantes ao perceberem o amparo presente nas diferentes etapas.

A existência do Painel da Rádio Tupi há mais de 1 decênio, tratando de assuntos da Conscienciologia com regularidade semanal, difundindo essas ideias ao modo de "curso de longo curso", é circunstância contribuinte para a melhoria do padrão geral do planeta.

Fonte: Conscienciologia é Notícia (NASCIMENTO & WONG, 2015)

10. Introdução

INTRODUÇÃO

Manual. Este volume é o *"livro sobre a tenepes"* que muitos colegas, co-laboradores, energizadores, projeciólogos e conscienciólogos cobraram deste autor, nestas últimas 2 décadas.

Pesquisas. O *Manual* foi redigido a partir de notas pessoais, desde 1950; de pesquisas com praticantes adultos – homens e mulheres – das tarefas energéticas pessoais; e das perguntas e respostas colhidas nos *"Cursos da Tenepes"*, ministrados nos últimos tempos, através das programações didáticas do Instituto Internacional de Projeciologia e Conscienciologia (IIPC), em localidades diversas.

Paratecnologia. Este livro, dedicado à execução de experimentos transcendentes, parapsíquicos, projetivos ou anímicos, enquadra-se numa área das pesquisas e recursos de ponta da alta *paratecnologia da consciência*.

Variáveis. Você – leitor que se depara com o assunto pela primeira vez – *não deve perder tempo* com este manual prático, *se não admite*, sem dúvidas mortificantes, estas 5 variáveis:

1. **EC.** A existência – bem definida por você – da *energia consciencial (EC)*, além dos impulsos nervosos do corpo humano.

2. **Animismo.** As manifestações anímicas, benignas e evolutivas, além das crendices, delírios e tradições folclóricas.

3. **Parapsiquismo.** As *manifestações parapsíquicas* (mediúnicas, inter-dimensionais ou *paranormais*) sadias.

4. **Interassistencialidade.** A necessidade evolutiva de as consciências humanas se auxiliarem umas às outras, por intermédio de *trabalhos interassistenciais* lógicos, justos e maduros.

5. **Interdimensionalidade.** As comunicações interconscienciais entre as muitas *dimensões das consciências* intra e extrafísicas.

Fonte: Manual da Tenepes (VIEIRA, 2020)

11. Apresentação da Obra

APRESENTAÇÃO

Dulce Daou

Maxiproéxis. O convite aberto aos intermissivistas e tertulianos feito pelo propositor da Conscienciologia e organizador da *Enciclopédia da Conscienciologia*, pesquisador Waldo Vieira, privilegia a participação irrestrita de verbetógrafos em megagescon grupal pioneira.

CCCI. A convivialidade traforista de mais de 600 pesquisadores na Cognópolis de Foz do Iguaçu, Paraná, chancela o momento evolutivo profícuo da Comunidade Conscienciológica Cosmoética Internacional (CCCI). Simultaneamente, a facilidade infocomunicativa planetária e o amadurecimento das instâncias conscienciocêntricas voltadas para as reciclagens individuais e coletivas ensejam o megafoco na maxiproéxis, visando o completismo grupal e a consolidação da Conscienciologia através da tares grafopensênica.

Autexperimentologia. A este cenário proexogênico integra-se o *Manual de Verbetografia da Enciclopédia da Conscienciologia*, idealizado e concebido pela professora Rosa Nader, resultado da experiência da organizadora, em particular, e demais autores por mais de 10 anos junto aos trabalhos da *Enciclopédia da Conscienciologia*, epicentrados pelo professor Waldo Vieira.

Holociclo. A abordagem detalhista e minuciosa da estilística da *Enciclopédia da Conscienciologia*, objeto da obra apresentada, foi possível em função da acumulação de conhecimento e do arcabouço ideativo promovido pela rotina intelectual ativa das *Equipes Técnicas do Holociclo*, no *Centro de Altos Estudos da Conscienciologia* (CEAEC).

Diversidade. A organizadora da obra, além de outros autores, atuou em diversas atividades enciclopédicas, desde os trabalhos para os tratados *Homo sapiens reurbanisatus* e *Homo sapiens pacificus*, as pesquisas infográficas e biliográficas para a *Enciclopédia da Conscienciologia*, tendo posteriormente coordenado os trabalhos de expansão de seções dos verbetes debatidos no *Tertuliarium*.

Fonte: Manual da Verbetografia (NADER, Org., 2012)

12. Elementos Textuais (corpo do livro)

Referem-se ao conteúdo da obra constituído, por exemplo, dos seguintes itens:

1. **Seções** (ou partes).
2. **Capítulos.**
3. **Subseções** (se houver).

13. Elementos pós-textuais

Referem-se à parte complementar da obra, relacionados a seguir, em ordem lógica:

01. **Posfácio.**
02. **Apêndices.**
03. **Anexos.**
04. **Glossários.**
05. **Referências Bibliográficas.**
06. **Índices.**
07. **Lista de *Instituições Conscienciocêntricas*.**
08. **Histórico de Obras Publicadas pela EDITARES.**
09. **Levantamento Estatístico da Obra.**
10. **Autorreferenciação Bibliográfica Exaustiva da Obra.**
11. **Especialidade.**
12. ***Princípio da Descrença.***
13. **Dados de Impressão do Livro.**

Referências Bibliográficas

Bibliografia Específica

01. **Assis,** Jaqueline; **Oliveira,** Mércia; & **Salles,** Rosemary; Orgs.; *Círculo Mentalsomático: Encontros de 11 a 20 – Período de 16 de Junho a 18 de Agosto de 2012;* revisores Dayane Rossa; *et al.;* 16 Vols; 374 p.; Vol. II; 1 cronologia; 10 encontros; 21 *E-mails;* 41 enus.; 23 estudos de casos; 21 fotos; 21 microbiografias; 99 perguntas; 1 tab.; 52 relatos; 9 técnicas; 2 anexos; 23 afixos; glos. 655 termos; 7 índices; alf.; geo; ono; 23 x 16 cm; br.; *Epígrafe Editora;* Foz do Iguaçu, PR; 2020; páginas 11 a 14.

02. **Brito,** Ernani; *Edição Conscienciográfica;* verbete; In: **Vieira,** Waldo; Org.; *Enciclopédia da Conscienciologia;* apres. Coordenação da ENCYCLOSSAPIENS; revisores Equipe de Revisores da ENCY-CLOSSAPIENS; 27 Vols.; 23.178 p.; Vol. 12; 1.112 citações; 11 cronologias; 33 *E-mails;* 206.055 enus.; 602 especialidades; 1 foto; glos. 4.580 termos (verbetes); 701 microbiografias; 270 tabs.; 702 verbe-tógrafos; 28 *websites;* 670 filmes; 54 videografias; 1.087 webgrafias; 13.896 refs.; 9ª Ed. rev. e aum.; *Associação Internacional de Enciclope-diologia Conscienciológica* (ENCYCLOSSAPIENS); & *Associação Inter-nacional EDITARES;* Foz do Iguaçu, PR; 2018; ISBN 978-85-8477--118-9; páginas 9.158 a 9.164.

03. **Carvalho,** Rose; *Grupalidade Cosmoética;* verbete; In: **Viei-ra,** Waldo; Org.; *Enciclopédia da Conscienciologia;* apres. Coorde-nação da ENCYCLOSSAPIENS; revisores Equipe de Revisores da ENCYCLOSSAPIENS; 27 Vols.; 23.178 p.; Vol. 15; 1.112 citações; 11 cronologias; 33 *E-mails;* 206.055 enus.; 602 especialidades; 1 foto; glos. 4.580 termos (verbetes); 701 microbiografias; 270 tabs.; 702 ver-betógrafos; 28 *websites;* 670 filmes; 54 videografias; 1.087 webgrafias; 13.896 refs.; 9ª Ed. rev. e aum.; *Associação Internacional de Enciclopedio-logia Conscienciológica* (ENCYCLOSSAPIENS); & *Associação Interna-cional EDITARES;* Foz do Iguaçu, PR; 2018; páginas 11.689 a 11.694.

04. **Daou,** Dulce; *Vontade: Consciência Inteira;* revisores Equipe de Revisores da EDITARES; 288 p.; 6 seções; 44 caps.; 23 *E-mails;*

226 enus.; 1 foto; 1 minicurrículo; 1 seleção de verbetes da *Enciclopédia da Conscienciologia;* 3 tabs.; 21 *websites;* glos. 140 termos; 1 nota; 133 refs.; 17 webgrafias; 1 apênd.; alf.; ono.; 23 x 16 cm; br.; *Associação Internacional EDITARES;* Foz do Iguaçu, PR; 2014.

05. **Fortes,** Waldir Gutierrez; & **Silva,** Mariangela Benine Ramos; *Eventos: Estratégias de Planejamento e Execução;* São Paulo, SP; *Summus,* 2011, páginas 147 a 149.

06. **Martins Filho,** Plínio; *Manual de Editoração e Estilo;* 723 p.; 10 caps.; 79 refs.; 24,3 x 18,5 cm; br; *Editora da UNICAMP;* Campinas, SP; *Editora da Universidade de São Paulo;* São Paulo, SP; & *Editora da UFMG;* Minas Gerais, MG; 2016; páginas 41, 99 e 103.

07. **Medeiros,** João Bosco; *Manual de Redação e Normalização Textual: Técnicas de Editoração e Revisão;* 433 p.; 8 caps.; 24 x 16,8 cm; br; Atlas; 2002; páginas 22 a 32, 252, 339 e 361 a 369.

08. **Nader,** Rosa; Org.; *Manual de Verbetografia da Enciclopédia da Conscienciologia;* apres. Dulce Daou; revisores Ulisses Schlosser; Erotides Louly; & Helena Araújo; 392 p.; 5 seções; 10 caps.; 21 *E-mails;* 464 enus.; 4 fichários; 1 foto; 18 minicurrículos; 9 tabs.; 263 verbetes chaves; 19 *websites;* 64 refs.; 11 webgrafias; 1 anexo; alf.; 28 x 21 cm; br; *Associação Internacional EDITARES;* Foz do Iguaçu, PR; 2012; páginas 319 a 354.

09. **Nascimento,** Alessandra; & **Wong,** Félix; *Conscienciologia é Notícia: Uma Década e Meia de Entrevistas na Super Rádio Tupi – Tema Projeciologia;* 184 p.; 12 caps.; 1 foto; 1 ilus.; 12 microbiografias.; 18 refs.; 23 x 16 cm; br.; *Associação Internacional EDITARES;* Foz do Iguaçu, PR; 2015.

10. **Tornieri,** Sandra; **EDITARES;** verbete; In: **Vieira,** Waldo; Org.; *Enciclopédia da Conscienciologia;* apres. Coordenação da ENCYCLOSSAPIENS; revisores Equipe de Revisores da ENCYCLOSSAPIENS; 27 Vols.; 23.178 p.; Vol. 12; 1.112 citações; 11 cronologias; 33 *E-mails;* 206.055 enus.; 602 especialidades; 1 foto; glos. 4.580 termos (verbetes); 701 microbiografias; 270 tabs.; 702 verbetógrafos; 28 *websites;* 670 filmes; 54 videografias; 1.087 webgrafias; 13.896 refs.; 9ª Ed. rev. e aum.; *Associação Internacional de Enciclopediologia Conscienciológica* (ENCYCLOSSAPIENS); & *Associação Internacional EDITARES;* Foz do Iguaçu, PR; 2018; ISBN 978-85-8477-118-9; páginas 9.183 a 9.188.

11. **Idem;** *Mapeamento da Sinalética Energética Parapsíquica;* pref. Hernande Leite; revisores Mabel Teles; *et al.;* 296 p.; 4 seções; 55 caps.; 1 citação; 23 *E-mails;* 153 enus.; 138 exemplos; 1 foto; 1 microbiografia; 55 pensatas; 11 questionamentos; 1 tab.; 11 técnicas;

2 testes; 21 *websites;* glos. 135 termos; glos. 210 termos; 6 filmes; 51 refs.; 1 anexo; 2 apênds.; alf.; 21,5 x 14 cm; br.; *Associação Internacional EDITARES;* Foz do Iguaçu, PR; 2015; páginas 31, 39, 41, 46, 49, 75, 86, 168, 170, 194 e 231.

12. **Vieira,** Waldo; ***Dicionário de Argumentos da Conscienciologia;*** revisores Equipe de Revisores do Holociclo; 1.572 p.; 1 *blog;* 21 *E-mails;* 551 enus.; 1 esquema da evolução consciencial; 18 fotos; glos. 650 termos; 19 *websites;* alf.; 28,5 x 21,5 x 7 cm; enc.; *Associação Internacional EDITARES;* Foz do Iguaçu, PR; 2014a; páginas 651 a 653.

13. **Idem;** ***Edição Gratuita;*** verbete; In: **Idem;** Org.; ***Enciclopédia da Conscienciologia;*** apres. Coordenação da ENCYCLOSSA-PIENS; revisores Equipe de Revisores da ENCYCLOSSAPIENS; 27 Vols.; 23.178 p.; Vol. 12; 1.112 citações; 11 cronologias; 33 *E-mails;* 206.055 enus.; 602 especialidades; 1 foto; glos. 4.580 termos (verbetes); 701 microbiografias; 270 tabs.; 702 verbetógrafos; 28 *websites;* 670 filmes; 54 videografias; 1.087 webgrafias; 13.896 refs.; 9ª Ed. rev. e aum.; *Associação Internacional de Enciclopediologia Conscienciológica* (ENCYCLOSSAPIENS); & *Associação Internacional EDITARES;* Foz do Iguaçu, PR; 2018; ISBN 978-85-8477-118-9; páginas 9.165 a 9.167.

14. **Idem;** ***Homo sapiens reurbanisatus;*** revisores Equipe de Revisores do Holociclo; 1.584 p.; 24 seções; 479 caps.; 139 abrevs.; 12 *E-mails;* 597 enus.; 413 estrangeirismos; 1 foto; 40 ilus.; 1 microbiografia; 25 tabs.; 4 *websites;* glos. 241 termos; 3 infográficos; 102 filmes; 7.665 refs.; alf.; geo.; ono.; 29 x 21 x 7 cm; enc.; 3ª Ed. Gratuita; *Associação Internacional do Centro de Altos Estudos da Conscienciologia* (CEAEC); Foz do Iguaçu, PR; 2004; páginas 27, 28, 78 e 343 a 348.

15. **Idem;** ***Léxico de Ortopensatas;*** revisores Equipe de Revisores do Holociclo; 2 Vols.; 1.800 p.; Vol. I; 1 *blog;* 652 conceitos analógicos; 22 *E-mails;* 19 enus.; 1 esquema da evolução consciencial; 17 fotos; glos. 6.476 termos; 1.811 megapensenes trivocabulares; 1 microbiografia; 20.800 ortopensatas; 2 tabs.; 120 *técnicas lexicográficas;* 19 *websites;* 28,5 x 22 x 10 cm; enc.; *Associação Internacional EDITARES;* Foz do Iguaçu, PR; 2014b; página 247.

16. **Idem;** ***Manual da Tenepes: Tarefa Energética Pessoal;*** revisores Erotides Louly; Helena Araújo; & Julieta Mendonça; 154 p.; 34 caps.; 147 abrevs.; 18 *E-mails;* 52 enus.; 1 foto; 1 microbiografia; 1 tab.; 1 teste; 19 *websites;* glos. 282 termos; 5 refs.; alf.; 21 x 14 cm; br.; 3ª Ed.; *Associação Internacional EDITARES;* Foz do Iguaçu, PR; 2011.

17. **Idem;** ***Manual de Redação da Conscienciologia;*** revisores Alexander Steiner; *et al.;* 276 p.; 15 seções; 150 caps.; 152 abrevs.; 23

E-mails; 54 enus.; 274 estrangeirismos; 30 expressões idiomáticas portuguesas; 1 foto; 60 locuções do idioma espanhol; 85 megapensenes trivocabulares; 1 microbiografia; 30 pesquisas; 6 técnicas; 30 teorias; 8 testes; 60 tipos de artefatos do saber; 60 vozes de animais subumanos; 3 *websites;* glos. 300 termos; 609 refs.; 28 x 21 cm; br.; 2ª Ed. rev.; *Associação Internacional do Centro de Altos Estudos da Conscienciologia* (CEAEC); Foz do Iguaçu, PR; 2002.

Webgrafia Específica

1. **Amadeu,** Maria Simone Utida dos Santos; *et al.; **Manual de Normalização de Documentos Científicos: De Acordo com as Normas da ABNT.** Editora UFPR;* Curitiba, PR; 2017; disponível em: <https://acervodigital.ufpr.br/bitstream/handle/1884/45654/Manual_de_normalizacao_UFPR.pdf?sequence=1&isAllowed=y>; acesso em: 20.04.2021.

2. **Associação Brasileira de Normas Técnicas (ABNT);** *NBR 6024/2012;* 2ª Ed.; 2012; disponível em: <https://www.bm.edu.br/wp-content/uploads/2018/10/ABNT_NBR-6024-2012.pdf>; acesso em: 20.04.2021.

3. **Idem;** *NBR 6027/2012;* disponível em: <http://www2.unicentro.br/ppgadm/files/2017/03/ABNT-NBR-6027_2012.pdf?x35443>; 2ª Ed.; 2012; acesso em: 20.04.2021.

4. **Idem;** *NBR 6034/2004;* 2ª Ed.; 2004; disponível em: <https://cnm.paginas.ufsc.br/files/2020/02/ABNT-NBR-6034.pdf>; acesso em: 20.04.2021.

5. **Idem;** *NBR 14724/2005;* disponível em: <https://www.ufpe.br/documents/40070/848544/ABNT+NBR+14724.pdf/d1a5a9ff-d0e-7-4bcc-aeb3-8c12ae2260dc>; 2ª Ed.; 2005; acesso em: 20.04.2021.

6. **Kroeff,** Márcia Silveira; *Manual de Publicação da Editora UDESC: Instruções e Procedimentos;* 2019; disponível em: <https://www.udesc.br/arquivos/udesc/id_cpmenu/7135/MANUAL_FINAL_15628709866994_7135.pdf>; acesso em 20.04.2021.

7. **Paro,** Denise; & **Zolet,** Lílian; *Política Editorial sobre a Utilização de Citações em Livros Publicados pela EDITARES;* disponível em: <https://icge.org.br/wp-content/uploads/2017/05/POL%c3%8d-TICA-EDITORIAL-SOBRE-A-UTILIZA%c3%87%c3%83O-DE-

CITA%c3%87%c3%95ES-EM-LIVROS-PUBLICADOS-PELA-E-
DITARES.pdf>; 2017; acesso em: 20.04.2021.

8. **SESI-SP,** Editora; & **SENAI-SP,** Editora; *Manual de Estilo;*
disponível em: <https://www.mis-sp.org.br/storage/projects_selection/
jItkc43JXNTiGaqoQvIYOoAJLO4r2ZLpBpeSo6iZ.pdf>; acesso em:
20.04.2021.

9. **Teles,** Mabel; *Círculo Mentalsomático;* verbete; In: **Vieira,** Waldo; Org.; *Enciclopédia da Conscienciologia;* Verbete N. 5.498; apresentado no *Tertuliarium* / CEAEC, Foz do Iguaçu, PR; 22.02.2021; disponível em: <http://encyclossapiens.space/buscaverbete>; acesso em:
20.04.2021.

Índice Remissivo

Minibiografias dos Autores

Carolina Ellwanger

Natural de Porto Alegre, RS; professora universitária; graduada, mestre e doutora em Direito; voluntária da Conscienciologia, coordenadora do *Conselho Internacional de Assistência Jurídica da Conscienciologia* (CIAJUC) da *União das Instituições Conscienciocêntricas Internacionais* (UNICIN) e editora na *Associação Internacional Editares;* docente e pesquisadora em Conscienciologia; tenepessista.

Cristina Ellwanger

Natural de Porto Alegre, RS; Oficial de Justiça Federal aposentada; graduada em Ciências Jurídicas e Sociais; pós-graduada em Gestão de Pessoas; voluntária da Conscienciologia e editora na *Associação Internacional Editares;* docente e pesquisadora em Conscienciologia; tenepessista; verbetógrafa da *Enciclopédia da Conscienciologia;* coautora dos livros *Dupla Cidadania: Projetores Extrafísicos* (1998) e *O Caminho do Serenão: Criações Conscienciais* (1999).

Daniel Ronque

Natural de São Bernardo do Campo, SP; graduado em Ciências da Computação; especialista em Redes de Computadores; graduando em Medicina; voluntário da Conscienciologia na *Associação Internacional de Editares;* docente e pesquisador em Conscienciologia; tenepessista.

Denise Paro

Natural de Murutinga do Sul, SP; jornalista e professora universitária; graduada em Comunicação Social, com habilitações em Jornalismo e Relações Públicas; mestre em Comunicação; voluntária da Conscienciologia e editora na *Associação Internacional Editares;* docente e pesquisadora em Conscienciologia; tenepessista; verbetógrafa da *Enciclopédia da Conscienciologia;* autora do livro *Foz do Iguaçu: Dos Descaminhos aos Novos Caminhos* (2016).

Eliana Manfroi

Natural de Caxias do Sul, RS; jornalista e psicóloga; graduada em Psicologia e Comunicação Social (Jornalismo); especialista em Psicologia Hospitalar e da Saúde; mestre em Psicologia Clínica; voluntária da Conscienciologia na *Associação Internacional de Enciclopediologia Conscienciológica* (ENCYCLOSSAPIENS) e editora na *Associação Internacional Editares;* docente e pesquisadora em Conscienciologia; tenepessista; revisora e verbetógrafa da *Enciclopédia da Conscienciologia;* autora do livro *Antidesperdício Consciencial: Escolhas Evolutivas na Era da Fartura* (2017); coautora dos livros *Dupla Cidadania: Projetores Extrafísicos* (1998) e *O Caminho do Serenão: Criações Conscienciais* (1999).

Ercília Monção

Natural de Iporã, PR; psicóloga, professora de Língua Portuguesa e Psicologia; graduada em Letras e Psicologia; especialista em Estrutura da Língua Portuguesa, Educação de Jovens e Adultos e Psicologia Fenomenológica Existencial; voluntária da Conscienciologia na *Associação Internacional Editares;* pesquisadora em Conscienciologia; tenepessista; verbetógrafa da *Enciclopédia da Conscienciologia.*

Guilherme Kunz

Natural de Porto Alegre, RS; graduado, mestre e doutor em Engenharia Mecânica; voluntário da Conscienciologia na *Associação Internacional de Pesquisas Seriexológicas e Holobiográficas* (CONSECUTIVUS) e editor na *Associação Internacional Editares;* docente e pesquisdor em Conscienciologia; tenepessista; epicon; verbetógrafo da *Enciclopédia da Conscienciologia;* autor do livro *Manual do Materpensene* (2015); organizador do livro *Acoplamentarium: Primeira Década* (2013); coorganizador do livro *Manual do ECP2* (2018).

Ila Rezende

Natural de Aracaju, SE; graduada em Jornalismo e Psicologia; pós-graduada em Terapia Cognitivo-Comportamental; especialista em Psicopedagogia Clínica; voluntária da Conscienciologia na *Associação Internacional de Enciclopediologia Conscienciológica* (ENCYCLOSSAPIENS) e na *Associação Internacional Editares;* docente e pesquisadora em Conscienciologia; tenepessista; revisora e verbetógrafa da *Enciclopédia da Conscienciologia.*

Lane Galdino

Natural de Novo Aripuanã, AM; graduada em Direito e Ciências Contábeis; pós-graduada em Gestão Contábil, Econômica e Financeira e em Direito Tributário; voluntária da Conscienciologia, coordenadora na *Associação Internacional Editares;* docente e pesquisadora em Conscienciologia; tenepessista; verbetógrafa da *Enciclopédia da Conscienciologia;* autora do livro *Manual de Assessoria Jurídica em Instituições Conscienciocêntricas* (2020).

Liege Trentin

Natural de Porto Xavier, RS; graduada em Letras; mestre em Linguística; voluntária da Conscienciologia no *Centro de Altos Estudos da Conscienciologia* (CEAEC) e editora na *Associação Internacional Editares;* docente e pesquisadora em Conscienciologia; tenepessista.

Milena Mascarenhas

Natural de Porto Alegre, RS; licenciada em História; pós-graduada em História da Educação Brasileira; mestre em História; doutora em Sociedade, Cultura e Fronteira; voluntária da Conscienciologia na *Associação Internacional de Pesquisas Seriexológicas e Holobiográficas* (CONSECUTIVUS) e editora na *Associação Internacional Editares;* docente e pesquisadora em Conscienciologia; tenepessista; verbetógrafa da *Enciclopédia da Conscienciologia.*

Miriam Kunz

Natural de Porto Alegre, RS; bacharel em Química Industrial; licenciada em Química; voluntária da Conscienciologia na *Associação Internacional de Enciclopediologia Conscienciológica* (ENCYCLOSSAPIENS), na Holoteca do *Centro de Altos Estudos da Conscienciologia* (CEAEC) e editora na *Associação Internacional Editares;* docente e pesquisadora em Conscienciologia; tenepessista; revisora e verbetógrafa da *Enciclopédia da Conscienciologia;* autora do livro *Antropozooconviviologia* (2019).

Oswaldo Vernet

Natural de Juiz de Fora, MG; graduado em Matemática Aplicada (Informática); mestre e doutor em Engenharia de Sistemas e Computação; voluntário da Conscienciologia na *Associação Internacional de Enciclopediologia Conscienciológica* (ENCYCLOSSAPIENS) e editor na *Associação Internacional Editares;* docente e pesquisador em Conscienciologia; tenepessista; revisor e verbetógrafo da *Enciclopédia da Conscienciologia;* autor do livro *Descrenciograma: Fundamentação e Teática* (2020).

Rosane Amadori

Natural de Santa Maria, RS; graduada em Comunicação Social (Jornalismo); mestre em Linguística e Semiótica; doutoranda em Sociedade, Cultura e Fronteiras; voluntária da Conscienciologia e coordenadora na *Associação Internacional Editares;* docente e pesquisadora em Conscienciologia; tenepessista; verbetógrafa da *Enciclopédia da Conscienciologia.*

Sônia Ribeiro

Natural de Pirassununga, SP; economiária aposentada; voluntária da Conscienciologia na *União das Instituições Conscienciocêntricas Internacionais* (UNICIN) e na *Associação Internacional Editares;* docente e pesquisadora em Conscienciologia; tenepessista; revisora da série de livros *Círculo Mentalsomático.*

Telma Crespo

Natural de Santo André, SP; graduada em Psicologia; mestre em Psicologia da Educação; voluntária da Conscienciologia na *Associação Internacional de Pesquisas Seriexológicas e Holobiográficas* (CONSECUTIVUS) e na *Associação Internacional Editares;* docente e pesquisadora em Conscienciologia; tenepessista; verbetógrafa da *Enciclopédia da Conscienciologia.*

Instituições
Conscienciocêntricas (ICs)

ICs. As *Instituições Conscienciocêntricas* (ICs) são organizações cujos objetivos, metodologias de trabalho e modelos organizacionais estão fundamentados no Paradigma Consciencial. A atividade principal das ICs é apoiar a evolução das consciências através da tarefa do esclarecimento pautada pelas verdades relativas de ponta, encontradas nas pesquisas no campo da Ciência Conscienciologia e especialidades.

Voluntariado. Todas as *Instituições Conscienciocêntricas* são associações independentes, de caráter privado, sem fins de lucro e mantidas predominantemente pelo trabalho voluntário de professores, pesquisadores, administradores e profissionais de diversas áreas.

CCCI. O conjunto das *Instituições Conscienciocêntricas* e dos voluntários da Conscienciologia no planeta compõe a *Comunidade Conscienciológica Cosmoética Internacional* (CCCI) formada atualmente por 24 ICs, incluindo a *União das Instituições Conscienciocêntrias Internacionais* (UNICIN) e a *Associação Internacional Editares.*

AIEC – ASSOCIAÇÃO INTERNACIONAL PARA EXPANSÃO DA CONSCIENCIOLOGIA
Fundação: 22.04.2005
Sede: Av. Felipe Wandscheer, 6.200
Cognópolis, Foz do Iguaçu, PR, Brasil, CEP: 85856-850
Tel.: +55 (45) 2102-1411
Site: www.worldaiec.org
Contato: info@worldaiec.org

APEX – ASSOCIAÇÃO INTERNACIONAL DA PROGRAMAÇÃO EXISTENCIAL
Fundação: 20.02.2007
Sede: Rua da Cosmoética, 1.635, sala 12
Cognópolis, Foz do Iguaçu, PR, Brasil, CEP: 85856-852
Tel.: +55 (45) 2102-1499; +55 (45) 99134-1185
Site: www.apexinternacional.org
Contato: contato@apexinternacional.org

ARACÊ – ASSOCIAÇÃO INTERNACIONAL PARA EVOLUÇÃO DA CONSCIÊNCIA
Fundação: 14.04.2001
Campus ARACÊ: Rota do Conhecimento, Km 7, acesso BR-262, Km 86
Distrito de Aracê, Domingos Martins, ES, Brasil.
Endereço para correspondência: Caixa Postal 110
Pedra Azul, Domingos Martins, ES, Brasil, CEP: 29278-000
Tel.: +55 (27) 99997-3120
Site: www.arace.org
Contato: associacao@arace.org

ASSINVÉXIS – ASSOCIAÇÃO INTERNACIONAL DE INVERSÃO EXISTENCIAL
Fundação: 22.07.2004
Campus de Invexologia: Av. Maria Bubiak, 1.100
Cognópolis, Foz do Iguaçu, PR, Brasil, CEP: 85856-810
Tel.: +55 (45) 3525-0913
Site: www.assinvexis.org
Contato: contato@assinvexis.org

ASSIPI – ASSOCIAÇÃO INTERNACIONAL DE PARAPSIQUISMO INTERASSISTENCIAL
Fundação: 29.12.2011
Sede: Av. Felipe Wandscheer, 6.200, sala 212
Cognópolis, Foz do Iguaçu, PR, Brasil, CEP: 85856-850
Tel.: +55 (45) 2102-1421
Site: www.assipi.com
Contato Sede: assipi@assipi.com

CEAEC – ASSOCIAÇÃO INTERNACIONAL DO CENTRO DE ALTOS ESTUDOS DA CONSCIENCIOLOGIA
Fundação: 15.07.1995
Campus: Rua da Cosmoética, 1.635
Cognópolis, Foz do Iguaçu, PR, Brasil, CEP: 85856-852
Tel.: +55 (45) 2102-1499
Site: www.campusceaec.org
Contato: ceaec@ceaec.org

COMUNICONS – ASSOCIAÇÃO INTERNACIONAL DE COMUNICAÇÃO CONSCIENCIOLÓGICA
Fundação: 24.07.2005
Sede: Av. Felipe Wandscheer, 6.200, sala 206
Cognópolis, Foz do Iguaçu, PR, Brasil, CEP: 85856-850

Tel.: +55 (45) 98827-5920
Site: www.comunicons.org.br
Contato: comunicons@comunicons.org

CONSCIUS – ASSOCIAÇÃO INTERNACIONAL DE
CONSCIENCIOMETRIA INTERASSISTENCIAL
Fundação: 24.02.2006
Sede: Av. Felipe Wandscheer, 6.200, sala 110
Cognópolis, Foz do Iguaçu, PR, Brasil, CEP: 85856-850
Tel.: +55 (45) 2102-1460
Site: www.conscius.org.br
Contato: conscius@conscius.org.br

CONSECUTIVUS – ASSOCIAÇÃO INTERNACIONAL
DE PESQUISAS SERIEXOLÓGICAS E HOLOBIOGRÁFICAS
Fundação: 14.12.2014
Sede: Av. Felipe Wandscheer, 6.200, casa 351
Cognópolis, Foz do Iguaçu, PR, Brasil, CEP: 85856-850
Telefone: +55 (45) 99121-0717
Site: www.consecutivus.org
Contato: consecutivus@consecutivus.org

COSMOETHOS – ASSOCIAÇÃO INTERNACIONAL
DE COSMOETICOLOGIA
Fundação: 03.10.2015
Sede: Av. Felipe Wandscheer, 6.200, sala 104
Cognópolis, Foz do Iguaçu, PR, Brasil, CEP: 85856-850
Telefone: +55 (45) 99927-0880
Site: www.cosmoethos.org.br
Contato: contato@cosmoethos.org.br

ECTOLAB – ASSOCIAÇÃO INTERNACIONAL DE PESQUISA
LABORATORIAL EM ECTOPLASMIA E PARACIRURGIA
Fundação: 14.07.2013
Sede: Rua da Cosmoética, 1.635
Cognópolis, Foz do Iguaçu, PR, Brasil, CEP: 85853-852
Telefone: +55 (45) 2102-1427; +55 (45) 99101-1407
Site: www.ectolab.org
Contato: ectolab@ectolab.org

EDITARES – ASSOCIAÇÃO INTERNACIONAL EDITARES
Fundação: 23.10.2004
Sede: Av. Felipe Wandscheer, 6.200, sala 100D

Cognópolis, Foz do Iguaçu, PR, Brasil, CEP: 85856-850
Tel.: +55 (45) 99133-2818
Site: www.editares.org
Contato: editares@editares.org

ENCYCLOSSAPIENS – ASSOCIAÇÃO INTERNACIONAL
DE ENCICLOPEDIOLOGIA CONSCIENCIOLÓGICA
Fundação: 21.12.2013
Sede: Rua da Cosmoética, 1.635
Cognópolis, Foz do Iguaçu, PR, Brasil, CEP: 85856-852
Tel.: +55 (45) 2102-1499
Site: www.encyclossapiens.org
Contato: contato@encyclossapiens.org

EVOLUCIN – ASSOCIAÇÃO INTERNACIONAL DE
CONSCIENCIOLOGIA PARA INFÂNCIA
Fundação: 29.07.2006
Sede: Av. Felipe Wandscheer, 6.200, prédio Evolucin,
Cognópolis, Foz do Iguaçu, PR, Brasil, CEP: 85856-850
Tel.: +55 (45) 99121-4343
Site: www.evolucin.org.br
Contato: contato@evolucin.org.br

IC TENEPES – ASSOCIAÇÃO INTERNACIONAL
DE TENEPESSOLOGIA
Fundação: 11.06.2016
Sede: Av. Felipe Wandscheer, 6.200, sala 205
Cognópolis, Foz do Iguaçu, PR, Brasil, CEP: 85856-850
Tel.: +55 (45) 9131-2855
Site: www.ictenepes.org

IIPC – INSTITUTO INTERNACIONAL DE PROJECIOLOGIA
E CONSCIENCIOLOGIA
Fundação: 16.01.1988
Sede: Av. Felipe Wandscheer, 6.200, sala 103
Cognópolis, Foz do Iguaçu, PR, Brasil, CEP: 85856-850
Tel.: +55 (45) 2102-1448
Site: www.iipc.org.br
Contato: iipc@iipc.org.br
Campus de Pesquisas IIPC: Estrada do Universalismo, 1.177
Sampaio Correa, Saquarema, RJ, Brasil, CEP: 28997-970
Tel.: +55 (22) 2654-1186
Contato: campus@iipc.org

INTERCAMPI – ASSOCIAÇÃO INTERNACIONAL DOS CAMPI
DE PESQUISAS DA CONSCIENCIOLOGIA
Fundação: 23.07.2005
Sede: Av. Antonio Basílio, 3006, sala 901
Lagoa Nova, Natal, RN, Brasil, CEP: 59056-901
Tel.: +55 (84) 3211-3126; +55 (84) 9168-2066
Site: www.intercampi.org
Contato: intercampi@intercampi.org

INTERPARES – ASSOCIAÇÃO INTERNACIONAL
DE APORTES INTERASSISTENCIAIS
Fundação: 15.05.2016
Sede: Rua Cosmoética, 1.635, sala 11
Cognópolis, Foz do Iguaçu, PR, Brasil, CEP: 85856-852
Tel.: +55 (45) 99124-7681
Site: www.interpares.org.br
Contato: interpares@interpares.org.br

JURISCONS – ASSOCIAÇÃO INTERNACIONAL
DE PARADIREITOLOGIA
Fundação: 25.04.2015
Sede: Av. Felipe Wandscheer, 6.200, sala 350-A
Cognópolis, Foz do Iguaçu, PR, Brasil, CEP: 85856-850
Site: www.juriscons.org
Contato: juriscons@juriscons.org

OIC – ORGANIZAÇÃO INTERNACIONAL
DE CONSCIENCIOTERAPIA
Fundação: 06.09.2003
Campus: Av. Felipe Wandscheer, 6.945
Cognópolis, Foz do Iguaçu, PR, Brasil, CEP: 85856-850
Tel.: +55 (45) 3025-1404; +55 (45) 9-9992-1664
Site: www.oic.org.br
Contato: aco@oic.org.br

ORTHOCOGNITIVUS – ASSOCIAÇÃO INTERNACIONAL
PARA IMPLANTAÇÃO DA COGNÓPOLIS SC
Fundação: 18.05.2018
Av. Marechal Castelo Branco, 65, Sala 1.111, torre B
Edifício Kennedy Towers
Bairro Campinas, São José, SC, Brasil, CEP: 88101-020
Telefone: +55 (48) 99845-9931
Site: www.orthocognitivus.org
Contato: contato@orthocognitivus.org

REAPRENDENTIA – ASSOCIAÇÃO INTERNACIONAL
DE PARAPEDAGOGIA E REEDUCAÇÃO CONSCIENCIAL
Fundação: 21.10.2007
Sede: Av. Felipe Wandscheer, 6.560
Cognópolis, Foz do Iguaçu, PR, Brasil, CEP: 85856-850
Centro, Foz do Iguaçu, PR, Brasil
Tel.: +55 (45) 99833-9769
Site: www.reaprendentia.org
Contato: contato@reaprendentia.org

UNICIN – UNIÃO DAS INSTITUIÇÕES CONSCIENCIOCÊNTRICAS
INTERNACIONAIS
Fundação: 22.01.2005
Sede: Av. Felipe Wandscheer, 6.200, salas 201 a 203
Cognópolis, Foz do Iguaçu, PR, Brasil, CEP: 85856-850
Tel.: +55 (45) 2102-1405
Site: www.unicin.org
Contato: unicin@unicin.org

UNIESCON – UNIÃO INTERNACIONAL DE ESCRITORES
DA CONSCIENCIOLOGIA
Fundação: 23.11.2008
Sede: Rua da Cosmoética, 1.635
Cognópolis, Foz do Iguaçu, PR, Brasil, CEP: 85856-852
Tel.: +55 (45) 2102-1499
Site: www.uniescon.org
Contato: uniescon.ccci@gmail.com

Lista de Publicações da Editares

Autores	Títulos (em Português)
Adriana Kauati	SÍNDROME DO IMPOSTOR
Adriana Lopes	SENSOS EVOLUTIVOS E CONTRASSENSOS REGRESSIVOS
Alessandra Nascimento e Felix Wong (Org.)	CONSCIENCIOLOGIA É NOTÍCIA: PROJECIOLOGIA
Alexandre Nonato	JK E OS BASTIDORES DA CONSTRUÇÃO DE BRASÍLIA
Alexandre Nonato *et al.*	ACOPLAMENTO ENERGÉTICO INVERSÃO EXISTENCIAL
Alexandre Zaslavsky (Editor da Revista)	INTERPARADIGMAS 1 – Princípio da Descrença INTERPARADIGMAS 2 – Parapercepciologia INTERPARADIGMAS 3 – Pesquisa da Autoconsciência INTERPARADIGMAS 4 – Diálogos Interparadigmáticos INTERPARADIGMAS 5 – Precursores Interparadigmáticos INTERPARADIGMAS 6 – O Paradigma Consciencial e Outros Paradigmas de Pesquisa da Consciência INTERPARADIGMAS 7 – Transição Autoparadigmática
Aline Niemeyer	MEGAPENSENES TRIVOCABULARES DA INTERASSISTENCIALIDADE
Aline Niemeyer e Lilian Zolet	TÉCNICAS BIOENERGÉTICAS PARA CRIANÇAS
Almir Justi, Amin Lascani e Dayane Rossa	COMPETÊNCIAS PARAPSÍQUICAS
Alzemiro Rufino de Matos	VIDA: OPORTUNIDADE DE APRENDER
Alzira Gezing	INTENÇÃO
Ana Luiza Rezende et al.	MANUAL DO ECP2
Ana Seno	COMUNICAÇÃO EVOLUTIVA
Ana Seno e Eliane Stédile (Orgs.)	*SERENARIUM*
Anália Rosário Lopes, Myriam Sanchez e Rita Sawaya	DICIONÁRIO DE TECAS DA HOLOTECOLOGIA
Antonio Fontenele	DECISÕES EVOLUTIVAS
Antonio Pitaguari e Marina Thomaz	REDAÇÃO E ESTILÍSTICA CONSCIENCIOLÓGICA
Arlindo Alcadipani	ITINERÁRIO EVOLUTIVO DE UM RECICLANTE
Bárbara Ceotto	DIÁRIO DE AUTOCURA
Beatriz Tenius e Tatiana Lopes	AUTOPESQUISA CONSCIENCIOLÓGICA

Autores	Títulos (em Português)
Caio Polizel (Org.)	DIRETRIZES DA AUTOGESTÃO EXISTENCIAL
Cesar Cordioli	CALEPINO CONSCIENCIOLÓGICO – COLETÂNEA DE APONTAMENTOS PRÓ-EVOLUTIVOS CONSCIENCIOLOGIA: BREVE INTRODUÇÃO À CIÊNCIA DA CONSCIÊNCIA
Cesar Machado	ANTIVITIMIZAÇÃO PROATIVIDADE EVOLUTIVA
Cesar Machado e Stéfani Sabetzki	HUMANIZAÇÃO PARAPSÍQUICA NA UTI
Cirleine Couto	CONTRAPONTOS DO PARAPSIQUISMO INTELIGÊNCIA EVOLUTIVA COTIDIANA
Clara Emilie Vieira	ESCOLHAS EVOLUTIVAS
Christovão Peres	VOLICIOTERAPIA: VONTADE APLICADA A CONSCIENCIOTERAPIA
Clara Emilie Vieira	ESCOLHAS EVOLUTIVAS
Dalva Morem	SEMPRE É TEMPO
Dayane Rossa	OPORTUNIDADE DE VIVER MEGATRAFOR: ESTUDO DO MAIOR TALENTO CONSCIENCIAL SOB A ÓTICA DA MULTIEXISTENCIALIDADE
Débora Klippel	O PEQUENO PESQUISADOR: MULTIDIMENSIONALIDADE O PEQUENO PESQUISADOR: AUTOPESQUISA DE VIDAS PASSADAS
Denise Paro e Nara Oliveira (Editoras)	REVISTA HOLOTECOLOGIA N. 3 – COLEÇÕES AMPLIAM MUNDIVISÕES
Dulce Daou	AUTOCONSCIÊNCIA E MULTIDIMENSIONALIDADE VONTADE: CONSCIÊNCIA INTEIRA
Eduardo Martins	HIGIENE CONSCIENCIAL
Eliana Manfroi	ANTIDESPERDÍCIO CONSCIENCIAL
Eliane Wojslaw *et al.*	GLOSSÁRIO INGLÊS-PORTUGUÊS DE TERMOS ESSENCIAIS DA CONSCIENCIOLOGIA
Ermânia Ribeiro	DIÁRIO DE EXPERIÊNCIAS COGNOPOLITANAS
Ernani Brito, Rosemary Salles e Sandra Tornieri (Orgs.)	LIVRO DOS CREDORES GRUPOCÁRMICOS
Eucárdio de Rosso (Org.)	COSMOETICOLOGIA
Everaldo Bergonzini e Lilian Zolet	CONVIVIALIDADE SADIA
Fernando R. Sivelli e Marineide C. Gregório	AUTOEXPERIMENTOGRAFIA PROJECIOLÓGICA
Flavia Rogick	CONSCIÊNCIA CENTRADA NA ASSISTÊNCIA MUDAR OU MUDAR
Flávio Amado (Org.)	TEÁTICAS DA TENEPES

Autores	Títulos (em Português)
Flávio Buononato	ANUÁRIO DA CONSCIENCIOLOGIA 2012 ANUÁRIO DA CONSCIENCIOLOGIA 2013 ANUÁRIO DA CONSCIENCIOLOGIA 2014 FATOS E PARAFATOS DA COGNÓPOLIS FOZ DO IGUAÇU
Flávio Monteiro e Pedro Marcelino	*CONS:* COMPREENDENDO NOSSA EVOLUÇÃO
Giuliana Costa	AUTOBIOGRAFIA DE UMA PERSONALIDADE CONSECUTIVA
Graça Razera	HIPERATIVIDADE EFICAZ
Guilherme Kunz	MANUAL DO MATERPENSENE
Ione Rosa	ACERTOS GRUPOCÁRMICOS
Isabel Manfroi	O EMPREENDEDORISMO REURBANIZADOR DE HÉRCULES GALLÓ E WALDO VIEIRA
Jacqueline Nahas e Pedro Fernandes (Orgs.)	*HOMO LEXICOGRAPHUS:* A SAGA INTELECTUAL DE ÉMILE LITTRÉ NA ESCRITA DO DICIONÁRIO DA LÍNGUA FRANCESA
Jayme Pereira	BÁRBARAH VAI À ESTRELA PRINCÍPIOS DO ESTADO MUNDIAL COSMOÉTICO
João Aurélio e Katia Arakaki	COGNÓPOLIS FOZ: UM LUGAR PARA SE VIVER
João Paulo Costa e Dayane Rossa	MANUAL DA CONSCIN-COBAIA
João Ricardo Schneider	HISTÓRIA DO PARAPSIQUISMO
Jovilde Montagna	VIVÊNCIAS PARAPSÍQUICAS DE UMA PEDIATRA
Julieta Mendonça	MANUAL DO TEXTO DISSERTATIVO
Julio Almeida	QUALIFICAÇÃO AUTORAL QUALIFICAÇÕES DA CONSCIÊNCIA QUALIFICAÇÃO ASSISTENCIAL
Kátia Arakaki	ANTIBAGULHISMO ENERGÉTICO VIAGENS INTERNACIONAIS OTIMIZAÇÕES PRÉ-TENEPES
Kátia Arakaki (Org.)	AUTOFIEX
Lane Galdino	MANUAL DE ASSESSORIA JURÍDICA EM INSTITUIÇÕES CONSCIENCIOCÊNTRICAS (ICs)
Laura Sánchez	LASTANOSA: MEMÓRIA E HISTÓRIA DO INTELECTUAL E HOLOTECÁRIO DO SÉCULO XVII
Lilian Zolet	PARAPSIQUISMO NA INFÂNCIA
Lilian Zolet e Flavio Buononato	MANUAL DO *ACOPLAMENTARIUM*
Lilian Zolet e Guilherme Kunz (Orgs.)	*ACOPLAMENTARIUM:* PRIMEIRA DÉCADA

Autores	Títulos (em Português)
Lourdes Pinheiro e Felipe Araújo	DICIONÁRIO DE VERBOS CONJUGADOS DA LÍNGUA PORTUGUESA
Luciana Lavôr (Org.)	I NOITE DE GALA MNEMÔNICA: HISTÓRIA ILUSTRADA
Luciano Vicenzi	CORAGEM PARA EVOLUIR
Lucy Lufti	VOLTEI PARA CONTAR
Luiz Bonassi	PARADOXOS
Mabel Teles	PROFILAXIA DAS MANIPULAÇÕES CONSCIENCIAIS *ZÉFIRO*: A PARAIDENTIDADE INTERMISSIVA DE WALDO VIEIRA
Málu Balona	AUTOCURA ATRAVÉS DA RECONCILIAÇÃO SÍNDROME DO ESTRANGEIRO
Marcelo da Luz	ONDE A RELIGIÃO TERMINA?
Maria Helena Lagrota	MINHAS QUATRO ESTAÇÕES
Maria Tereza Bolzan	ENERGIAS
Maria Thereza Lacerda	A PEDRA DO CAMINHO
Marilza de Andrade	PROJEÇÕES ASSISTENCIAIS
Marina Thomaz e Antonio Pitaguari (Orgs.)	TENEPES: ASSISTÊNCIA INTERDIMENSIONAL LÚCIDA
Marlene Koller	DA CONSCIÊNCIA REBELDE À HOLOCONVIVIALIDADE PACÍFICA
Marta Ramiro	MANUAL DA TÉCNICA DA RECÉXIS
Maximiliano Haymann	PRESCRIÇÕES PARA O AUTODESASSÉDIO SÍNDROME DO OSTRACISMO
Miriam Kunz	ANTROPOZOOCONVIVIOLOGIA
Moacir Gonçalves e Rosemary Salles	DINÂMICAS PARAPSÍQUICAS
Neida Cardozo	SÍNDROME DA DISPERSÃO CONSCIENCIAL
Osmar Ramos Filho	CRISTO ESPERA POR TI (Edição comentada)
Oswaldo Vernet	DESCRENCIOGRAMA: FUNDAMENTAÇÃO E TEÁTICA
Paulo Mello	EVOLUTIVIDADE PLANEJADA
Pedro Fernandes	SERIEXOLOGIA: EVOLUÇÃO MULTIEXISTENCIAL LÚCIDA
Phelipe Mansur	EMPREENDEDORISMO EVOLUTIVO
Reinalda Fritzen	CAMINHOS DA AUTOSSUPERAÇÃO
Ricardo Rezende	LUCIDEZ CONSCIENCIAL VOLUNTARIADO CONSCIENCIOLÓGICO INTERASSISTENCIAL LUCIDEZ CONSCIENCIAL
Roberto Leimig	VIDAS DE NATURALISTA

Autores	Títulos (em Português)
Rodrigo Medeiros	CLARIVIDÊNCIA
Rosa Nader	AUTODESREPRESSÃO: REFLEXÕES CONSCIENCIOLÓGICAS
Rosa Nader (Org.)	MANUAL DE VERBETOGRAFIA
Roseli Oliveira	DICIONÁRIO DE EUFEMISMOS DA LÍNGUA PORTUGUESA
Rosemary Salles	CONSCIÊNCIA EM REVOLUÇÃO
Sandra Tornieri	MAPEAMENTO DA SINALÉTICA ENERGÉTICA PARAPSÍQUICA
Selma Prata	O CÉREBRO ENVELHECE E O PARACÉREBRO ENRIQUECE
Silda Dries	TEORIA E PRÁTICA DA EXPERIÊNCIA FORA DO CORPO
Sissi Prado Lopes (Org.)	CONSCIENTIOTHERAPIA
Tathiana Mota	CURSO INTERMISSIVO
Tatiana Lopes	DESENVOLVIMENTO DA PROJETABILIDADE LÚCIDA
Tony Musskopf	AUTENTICIDADE CONSCIENCIAL
Vera Hoffmann	SEM MEDO DA MORTE
Vera Tanuri	PERDÃO: OPÇÃO COSMOÉTICA DE SEGUIR EM FRENTE
Victor Strate Bolfe	ESTADO VIBRACIONAL: VIVÊNCIA E AUTOQUALIFICAÇÃO
Wagner Alegretti	RETROCOGNIÇÕES: PESQUISA DA MEMÓRIA DE VIVÊNCIAS PASSADAS
Wagner Strachicini	CONSCIÊNCIA ANTIDOGMÁTICA
Waldo Vieira	100 TESTES DA CONSCIENCIOMETRIA 200 TEÁTICAS DA CONSCIENCIOLOGIA 500 VERBETÓGRAFOSDA *ENCICLOPÉDIA DA CONSCIENCIOLOGIA* 700 EXPERIMENTOS DA CONSCIENCIOLOGIA A NATUREZA ENSINA CONSCIENCIOGRAMA DICIONÁRIO DE ARGUMENTOS DA CONSCIENCIOLOGIA DICIONÁRIO DE NEOLOGISMOS DA CONSCIENCIOLOGIA *HOMO SAPIENS PACIFICUS* *HOMO SAPIENS REURBANISATUS* LÉXICO DE ORTOPENSATAS MANUAL DA DUPLA EVOLUTIVA MANUAL DA PROÉXIS MANUAL DA TENEPES MANUAL DE REDAÇÃO DA CONSCIENCIOLOGIA MANUAL DOS MEGAPENSENES TRIVOCABULARES

Autores	Títulos (em Português)
Waldo Vieira	MÁXIMAS DA CONSCIENCIOLOGIA NOSSA EVOLUÇÃO O QUE É A CONSCIENCIOLOGIA PROJECIOLOGIA: PANORAMA DAS EXPERIÊNCIAS DACONSCIÊNCIA FORA DO CORPO HUMANO PROJEÇÕES DA CONSCIÊNCIA TEMAS DA CONSCIENCIOLOGIA
Waldo Vieira *et. al.*	ENCICLOPÉDIA DA CONSCIENCIOLOGIA

Autores	Títulos (em Inglês)
Alessandra Nascimento e Felix Wong (Orgs.)	*CONSCIENTIOLOGY IS NEWS: PROJECTIOLOGY*
Cesar Machado	*ANTIVICTIMIZATION*
Débora Klippel	*THE LITTLE RESEARCHER*
Eduardo Martins	*CONSCIENTIAL HYGIENE*
Eliana Manfroi	*CONSCIENTIAL ANTIWASTAGE*
Eliane Wojslaw *et. al.*	*THE ENGLISH-PORTUGUESE GLOSSARY OF ESSENTIAL CONSCIENTIOLOGY TERMS*
Flávio Monteiro e Pedro Marcelino	*CONS: UNDERSTANDING OUR EVOLUTION*
Jaime Pereira	*BARBARAH VISISTS A STAR*
Lilian Zolet	*PARAPSYCHISM IN CHILDHOOD: QUESTIONS AND ANSWERS*
Mabel Teles	*ZEPHYRUS: THE INTERMISSIVE PARAIDENTITY OF WALDO VIEIRA*
Marcelo da Luz	*WHERE DOES RELIGION END ?*
Tathiana Mota	*INTERMISSIVE COURSE*
Waldo Vieira	*700 CONSCIENTIOLOGY EXPERIMENTS* *CONSCIENTIOGRAM* *OUR EVOLUTION* *PENTA MANUAL* *PROEXIS MANUAL* *PROJECTIOLOGY: A PANORAMA OF EXPERIENCES OF THE CONSCIOUSNESS OUTSIDE THE HUMAN BODY* *PROJECTIONS OF THE CONSCIOUSNESS*

Autores	Títulos (em Espanhol)
Alessandra Nascimento e Felix Wong (Orgs.)	*CONCIENCIOLOGÍA ES NOTICIA: PROYECCIOLOGÍA*
Cesar Cordioli	*CONCIENCIOLOGÍA: BREVE INTRODUCTION A LA CIENCIA DE LA CONCIENCIA*

AUTORES	TÍTULOS (EM ESPANHOL)
Glória Thiago	*VIVIENDO EN MÚLTIPLES DIMENSIONES*
Málu Balona	*SÍNDROME DEL EXTRANJERO*
Maximiliano Haymann	*SÍNDROME DEL OSTRACISMO*
Miguel Cirera	*EVOLUCIÓN DE LA INTELIGENCIA PARAPSÍQUICA*
Rosemary Salles	*CONCIENCIA EN REVOLUCIÓN*
Waldo Vieira	*CONCIENCIOGRAMA* *NUESTRA EVOLUCIÓN* *MANUAL DE LA TENEPER* *MANUAL DE LA PROEXIS* *MANUAL DE LA PAREJA EVOLUTIVA* *PROYECCIONES DE LA CONCIENCIA*

AUTORES	TÍTULOS (EM ALEMÃO)
Jayme Pereira	*BARBARAH FLIEGT ZUM STERN*

AUTORES	TÍTULOS (EM ROMENO)
Waldo Vieira	*MANUAL DE PENTA*

EDITARES®

Site da Editora: **www.editares.org.br**

Levantamento Estatístico da Obra

Pontoações	Itens
141.286	Caracteres
20.392	Palavras
3.618	Linhas
1.820	Parágrafos
148	Páginas
6	Capítulos
18	Citações
27	*E-mails*
41	Enumerações
16	Fotos
1	Gráfico
21	Ilustrações
16	Microbiografias
1	Quadro Sinótico
39	*Websites*
17	Referências Bibliográficas
9	Referências Webgráficas
101	Entradas no Índice Remissivo
24	*Instituições Conscienciocêntricas* (ICs)

Bibliografia Específica Exaustiva (BEE)

Galdino, Lane; Org.; ***Manual de Publicações da EDITARES;*** ed. e int. Oswaldo Vernet; pref. Denise Paro; revisores Carlos Moreno; *et al.;* 152 p.; 6 seções; 19 caps.; 18 citações; 27 *E-mails*; 41 enus.; 16 fotos; 1 gráf.; 21 ilus.; 16 microbiografias; 1 pontoação; 1 quadro sinótico; 39 *websites;* 17 refs.; 9 webgrafias; 1 apênd.; alf.; 23 x 16 cm; br.; *Associação Internacional Editares;* Foz do Iguaçu, PR; 2021.

1. ÁREA DE INVESTIGAÇÃO: **EDITORIOLOGIA.**

ESTE LIVRO INVESTIGA TEMAS DA **CONSCIENCIOLOGIA.**

2. PRINCÍPIO DA DESCRENÇA:

NÃO ACREDITE EM NADA,
NEM MESMO NO CONTEÚDO DESTE LIVRO.
EXPERIMENTE.
TENHA SUAS EXPERIÊNCIAS PESSOAIS.

1ª Edição [2021]

Esta obra foi composta no formato 22,86 x 15,24 cm, miolo em fonte
Adobe Garamond Pro (11pt), títulos em fonte Open Sans (16pt).
Impressa pela gráfica Meta Brasil em Offset 90 g/m2 (miolo) e Cartão Triplex
300 g/m2 (capa) para a editora Editares em Agosto de 2021.

EDITARES®

Machine Learning

An Introduction for Beginners, User
Guide to Build Intelligent Systems

MARK HOWARD

Table of Contents

The content and information contained in this book has been compiled from sources deemed reliable, and it is accurate to the best of the Author's knowledge, information and belief. However, the Author cannot guarantee its accuracy and validity and cannot be held liable for any errors and/or omissions. Further, changes are periodically made to this book as and when needed. Where appropriate and/or necessary, you must consult a professional (including but not limited to your doctor, attorney, financial advisor or such other professional advisor) before using any of the suggested remedies, techniques, or information in this book.

Upon using the contents and information contained in this book, you agree to hold harmless the Author from and against any

damages, costs, and expenses, including any legal fees potentially resulting from the application of any of the information provided by this book. This disclaimer applies to any loss, damages or injury caused by the use and application, whether directly or indirectly, of any advice or information presented, whether for breach of contract, tort, negligence, personal injury, criminal intent, or under any other cause of action.

You agree to accept all risks of using the information presented inside this book.

You agree that by continuing to read this book, where appropriate and/or necessary, you shall consult a professional (including but not limited to your doctor, attorney, or financial advisor or such other advisor as needed) before using any

of the suggested remedies, techniques, or information in this book.

Introduction

Congratulations on downloading *Machine* Learning and thank you for doing so.

The following chapters will discuss everything that you need to know about Machine Learning. Machine Learning is happening around us every day whether we know it or not. It is impossible not to use Machine Learning in your job. As Machine Learning gets more popular, it is being used in more companies than ever before because of how efficient Machine Learning is.

Throughout the chapters of this book, you are going to find out some of the problems that Machine Learning has and how to fix them, and the problems that it has fixed. Machine Learning is amazing and is not something that should just be scoffed at because as technology evolves, Machine Learning becomes more prevalent.

There are plenty of books on this subject on the market, thanks again for choosing this one! Every effort was made to ensure it is full of as much useful information as possible, please enjoy!

Chapter 1: Machine Learning

Before you can delve into Machine Learning, you have to know what Machine Learning is. Machine Learning is a branch of artificial intelligence that stems from the idea that a system is going to be able to take data, learn from it, identify any patterns that are present, and then make decisions without the intervention of a human. If there is intervention from a human, the intervention is minimal. Using the data that the machine gathers, it is able to analyze the data and then automatically build a model from that data.

So, why is Machine Learning so important? It is important because it has the same factors that helped make Bayesian analysis and data mining popular. With the growing volume of available wide variety of data, the computing process becomes cheaper and ultimately more powerful. This allows businesses to store their data.

Because of all of these factors, it means that models are going to be produced quicker and bigger, and more complex sets of data are going to be analyzed faster with more accurate results delivered. This is going to help companies know where they are going to be able to make more money and where they need to be careful to avoid unknown risks.

As you are going to learn in a later chapter, banks, the government, healthcare, marketing, transportation, and oil and gas are all using Machine Learning. They are using the technology to be more efficient, learn where they can make money, and know when they need to cut back on their spending.

There are four popular methods that are used when working with Machine Learning: supervised, unsupervised, semi-supervised, and reinforcement learning.

The first one is supervised. That is the case when the algorithm is trained to use examples that have been labeled so that it knows where the input is and where the desired output should be. Take for example a piece of factory equipment. Its data points have been labeled

as F for failure or R for runs. The algorithm is going to receive the inputs and all of the outputs that correspond with that input. From there, the algorithm will learn by comparing the outputs that are given with the correct outputs to locate the error. After that, it is going to modify the model accordingly. By using methods of classification, prediction, regression, and gradient boosting supervised learning, the algorithm will create patterns so that it can predict the values of the label with any extra data that was not labeled. Supervised learning can typically be seen in applications where the historical data is predicting a future event.

The next learning is semi-supervised. It is usually used with applications where supervised learning is taking place. However,

semi-supervised learning is going to take the data that is labeled and not labeled and use it for training. These data are typically a small amount of labeled data, and a large part of unlabeled data since unlabeled data is less expensive and is not going to take as much effort to gather. Semi-supervised learning will be used with the same methods that were used with the supervised learning; but, it is only going to be useful whenever the cost that is associated with labeling becomes too high to allow for a fully labeled training process.

Unsupervised learning will be done when the data contains no historical labels. The system will not have the correct answer as it does with supervised or semi-supervised learning. The first thing that has to be done is that the algorithm has to figure out what it is being

shown. The goal will end up being for the machine to explore the data and discover if there are any structure. Unsupervised learning is also going to use transactional data.

Reinforcement learning will usually be seen in navigation systems, gaming, and robotics. Reinforcement learning will cause the algorithm to be discovered through a trial and error situation which is going to help yield the biggest reward. With reinforcement learning, there are going to be at least three components. The first one is the agent who is going to be the decision maker. The second will be the environment in which the agent interacts with, and the third will be the actions that the agent goes through. The goal is for the agent to pick the proper actions that are going to maximize the reward they expect over a

definite amount of time. As long as the agent follows good policy, they are going to be able to reach the reward faster. Therefore, the goal of reinforcement learning is to figure out what the best policy is.

Machine Learning also includes categories such as learning where the program is going to learn the inductive bias of the program based on experiences that have happened before. Developmental learning is going to be the same as robot learning. The program is going to be able to generate its own sequence from the learning situations that it is put through so that it can acquire repertoires of novel skills through self-exploration and interactions with humans and other programs.

Yet, another category of Machine Learning is going to happen when you consider what the output is from the Machine Learning system.

1. The classification of inputs is going to be divided into at least two classes. The user is going to have to produce a model that is going to take the inputs that are not seen by the user from these classes. This is going to usually happen in supervised learning such as your email filters between spam and not spam.

2. Regression is also going to be supervised for the outputs to be continuous instead of being discrete.

3. Clustering is going to take the input sets and divide them into various groups. However, the difference between clustering and classification is that the

groups are not going to know the user before they are made which makes this an unsupervised task.

4. Density estimation is going to locate the distribution for the inputs in that space.

5. Dimensional reduction takes the input and simplifies it so they can be mapped to the lowest dimension.

6. Topic modeling will take a problem from the program that is inserted by a user and tasked to see if the documents inserted cover related topics.

A classification Machine Learning model is going to be validated by a technique that uses accuracy estimation such as holdout. Holdout is going to split the data when training and

testing your set before evaluating the performance of the model on the test set. However, if you look at n fold cross-validation, then you are going to see that the data will randomly be split into subsets where the k-1 instances are going to be used in training the model. While the k instance is going to be used in testing the predictive ability for the training model that you are using.

Along with this, the holdout and the cross-validation method is going to use samples for the n instances. The replacement comes from the dataset and how it is going to be able to be used in assessing the model's accuracy.

On top of that, there is an overall accuracy that an investigator discovers. It is going to be reported for specificity and sensitivity such as

the true positive rate and the true negative rate. This means that the true positive rate and the true negative rate are going to sometimes report false positive rates or false negative rates.

But, it is these rates that are going to fail to show the numerator and denominator for the equation. Your total operating characteristic is going to be an effective method that is going to show the models' diagnostic abilities. Total operating characteristic is also going to reveal the numerators and denominators that were mentioned previously in the rates. This means that the total operating characteristic is going to show you more information than you were able to use. This will include the receiver operating characteristic which is going to fall under the area under the curve.

Due to what it is, Machine Learning often times brings up a lot of ethical questions. The systems that are trained to work with the data that you collect is going to be biased based on the exhibits that the biases are going to be used on which is going to digitalize the cultural prejudices. Therefore, the responsibility that comes from collecting data is going to be a big part of Machine Learning.

Due to the language that you use when dealing with Machine Learning, you are going to be using machines that are trained on bias.

Chapter 2: Top Problems in Machine Learning

Machine Learning is still evolving and still being used every day. As it is used more, the more we are going to be able to figure out where the problems are and what needs to be done to fix them. Some of these problems are yet to be solved, but that does not mean that there will not be a solution later in the future.

One problem is that natural language processing and understanding language is still a problem when it comes to Machine Learning, even with the deepest networks. Because of the many different languages and dialects, it is

hard for machines to decipher what is being said. But that does not stop them from trying. Programs such as Siri and Cortana are constantly being updated so that they can better serve their users.

Images can be classified with Machine Learning, but it cannot figure out what is going on in the image. By understanding what is going on in an image, it cannot be further classified. But we are going to have the option to figure out where the influences in the image lie and how we would be able to recreate the work in the same style. This also leads to solving semantic segmentation. Machines should be taught how to identify what is going on in each pixel so that we can better understand what is going on in the image.

Deep reinforcement needs to be stabilized as well. If something is not broken, why attempt to fix it? Sometimes the old ways work the best, and there is no reason to be messing with the model that already works. With deep reinforcement being stabilized, this would be possible. This is then going to allow deep reinforcement to tackle harder problems that have yet to be touched by Machine Learning such as Montezuma's revenge.

On top of that, with stabilized reinforcement, learning the ability to control robotics would open up exponentially, and the possibilities would be endless. There is no telling how far robotics would go because they would be able to figure out the best way to receive their reward; in other words, they would be given the option to act like humans but have an

incentive as to what they should do to get that reward.

GANs are generative adversarial networks that are going to work with a specific class of artificial intelligence. It is a set of algorithms that will be used with unsupervised learning which will then be implemented on a system of two neural networks working against each other in a zero-sum game framework. While they are great for those who use Machine Learning for games, they are highly stabilized and make gaming harder because they are known to frequently crash.

Training deep nets is an issue as well because it has been proven by the shattering of gradients paper that those that use Machine Learning do not understand yet how to train their nets

properly. That also leads into the fact that no one quite understands what deep nets do in general. There have been those that have written papers on what deep nets are and why they are required, but then there have been those that have written papers on how deep nets are not needed, and they tend to make life more complicated. So, why are deep nets there? And do we actually need them?

Lastly, there has to be a way to get people to stop worrying so much about things such as Skynet and the economic impact. First of all, Skynet is a fictional company in the movie Terminator and is not going to happen. Before robots are able to make their own decisions if ever, there will no doubt be a failsafe in place that is going to ensure that the robots do not rise up against humans and try to kill them. All

Skynet is, is a good plot for a movie franchise that millions of people love. Secondly, what is the economic impact of Machine Learning? With Machine Learning, companies are going to have the ability to figure out where they are going to make more money and that means that more money is going to be put into the economy!

Besides certain things in Machine Learning not being stabilized, Machine Learning does not have that many problems. It is hard to remember that Machine Learning is still in its infancy and is still being trained as technology evolves, so we have to be patient and keep in mind that there are going to be more problems before they are to be fixed.

Chapter 3: Problems with Machine Learning That Have Not Been Solved

As stated above, Machine Learning is evolving as technology evolves, so it is highly likely that there are always going to be issues that will have to be dealt with before an answer is found. There are going to be ways around these issues, and even if there are not, there are going to be ways for you to analyze and get your data results despite these issues. Below, are a few issues that have yet to be solved by Machine Learning.

One, the variable event space has not been solved yet to solve this, we are going to need to be able to create a classification system that is going to respond in an efficient and meaningful way even if the event space is varying from the training data.

Another one is that there is no context understanding when it comes to the processing languages. Context analysis is a big deal for Machine Learning because it leaves a large hole open for things to be misunderstood. One possible solution is that the open AI team should come up with a solution that allows the agents to create their own rules instead of making it to where they need to find patterns.

Facial identification is quickly becoming a popular way for people to unlock their device

because it is quick and a semi-secure way to keep your device from being hacked. However, it is by no means perfect because people with similar facial features will be able to get into each other's phone. Not only that but if a female wears makeup and does not for the facial recognition's picture, then she is not going to be able to get into her phone because she altered her appearance.

Automated learning is a big part of Machine Learning, and if a machine cannot automatically learn what it is supposed to, then it is not going to be useful to the company that is using it. Learning has to come from a variety of resources, and when a graph is being made based on the connected sense that is missing, then the automated learning is going to hit a snag and is going to have gaps in what it is able

to do. For example, IBM's Watson has been doing an excellent job, but it still requires a system that is more geared for automated general intelligence.

In some Machine Learning, the machine is going to need to make its own decisions based on its reasoning over a deviating test space; but this is not going to include the rule-based engines. To make the reasoning that is required, Machine Learning will need to have space for reasoning or debatable agents that will help with its reasoning.

Have you ever talked to Siri and she got confused if you are trying to talk to her or if you are talking to someone else? This is an issue that Machine Learning has with its efficient repose generation. In other words, Siri cannot

create a contextual response when you are talking to her unless it is already programmed in or if she can look it up on the internet.

The three-way human rule is an issue with Machine Learning as well. Machines cannot always comprehend the knowledge that human has a three-way rule that takes an image, gives it a type, and then gives it a description. If Machine Learning could comprehend the three-way human rule, then classifying art, music, and others would be an easier task.

Another issue that Machine Learning has shown is its memory networks. Many people believe that working with technology means that you do not need a lot of space. However, this is far from true because to store all of the

data that is collected, there needs to be a lot of space available.

Machines are not humans, so they are not going to be able to come up with the thoughts that a human is able to come up with. But machines can be taught as long as we do not push them past their limits, but we do not limit them to where all of the work still needs to be done by a human. Technology is going to have its holdups, but eventually, they can be solved. One reason they may not be solved yet is that the technology needed to solve it does not exist yet.

Chapter 4: Problems That Can Be Solved with Machine Learning

Machine Learning is helping out a lot of companies as well as individuals in their daily lives. In this chapter, you will see some points that were mentioned above as problems that have not been solved by Machine Learning just yet. Even though there are issues with that particular piece of Machine Learning, that does not mean that it does not work. Sometimes, these issues can be patched or fixed at a later date while the software is put out for users to use and discover what issues there may be with the software that the developers did not catch.

Machine Learning helps with spam detection. When you get into your inbox, there are always emails that automatically gets routed to your spam box because of keywords that are detected in other emails. Yet some spam is allowed through because these keywords have been found in your inbox. It is going to filter those keywords to your inbox on the slight chance that you are going to want the emails even though they are spam. Spam detection still has a long way to go, but it is getting better as more rules are made.

Have you ever wondered how the credit card companies are able to know when someone has used your card? It is because of the transaction record that they keep! Every month, the credit card company knows your usual stores and about how much is going to be

spent. If they see any activity outside of your usual area or outside of how much you usually spend, they are going to say that the card was stolen and report it as such. This can cause problems later on if you decide to go on a trip or if you spend over what you normally spend.

It is not perfect, but Machine Learning is learning how to recognize zip codes written on envelopes so that they are able to sort the envelopes out into geographical locations and that way the mail is sorted faster and is delivered faster. There are still some issues with this as machines are not always able to read a person's handwriting since everyone writes in a different manner.

As we've mentioned, Siri is able to understand what you are saying. But, what if other

machines were also capable of doing this? Thanks to Machine Learning, this is now becoming a reality. The biggest issue is that everyone has different dialects and speaks a different language. Not only that, but new words are being added to the dictionary almost daily. But, even with there being issues in machine's understanding of what is being said to them, this does not stop them from trying to fulfill the request that is made.

When you upload a picture on Facebook, there is an algorithm that looks at the facial features of those in the picture and asks you if you would like to tag that person. This allows the person to see the picture where they were tagged and allows them to decide if they want it on their profile or not. The same algorithm is used when a user decides to use the facial

recognition software on their phone or computer to unlock their device.

Everyone knows when they log into websites such as Amazon, there is a list of products that are recommended to you because of your past purchases or because of things that you have looked at. There is a model that is built-in to the code of the website that allows it to figure out ways to target you specifically as an individual so that you are given a more personalized shopping experience. In doing this, Amazon and other websites that use the same algorithm are hoping that they are going to be able to keep you coming back to spend money with them. This algorithm can also be seen in Facebook because it allows you to log into other websites so that it can provide you with ads that you may want to see instead of

generic ads that are not going to catch your attention.

The medical field has to advance with technology, or else it falls behind. Because of Machine Learning, the medical field is able to take the symptoms that a patient is feeling. This allows them to plug the symptoms into their computer and get a list of diagnosis. This is not going to be perfect, but it is going to point the healthcare provider in the right direction so that they are able to figure out what is wrong with the patient.

When it comes to trading stock, it is vital to know when you are going to trade or hold on to your stock so can make more money. Machine Learning has come up with an algorithm that looks at the financial information and analyzes

it so that stockbrokers are able to know when they should trade and when they should let their stocks go. This is helping many companies save money, so they are not buying useless stocks or so that they are not holding onto a stock that is about to lose all of its value.

Data entry by humans is going to have issues such as duplication and inaccurate data. But, with Machine Learning, algorithms work with predictive modeling algorithms to improve these issues. They learn how to perform time-intensive documentation and other data entry tasks. This opens up more free time for those with the proper knowledge to be able to work on the more intensive problem-solving tasks because they do not need to deal with the menial data entry jobs that machines are able to do.

An amazing invention known as Dulight was created by Baidu to help those that are visually impaired to learn what is going on around them. They will work with a computer that will use image recognition to survey the grounds around them and then speak to them through an earpiece in their ear that will tell them what they would see.

Machine Learning is used by most of the companies that are in business today. It may not be used in a way that is automatically visible to the general public or even their employees, but it is being used even in the simple way of analyzing data. This aids them in making better decisions in gaining money rather than losing money.

Chapter 5: Examples of Machine Learning

In more recent years, Machine Learning has been used more in various areas of business and has then been passed on to other companies as well as the consumers. Machine Learning has combined with artificial intelligence so that new products can be released to the public. These products then spur other products to be released and have helped to better the products that are released for consumers.

One such product is the Hello Barbie toy that has a microphone in her necklace. Whenever a

child speaks, their words are transmitted to a server at Toy Talk and analyzed so that the appropriate response can be sent back. All these takes less than a second to complete. Hello Barbie is able to respond with 8,000 lines of dialogue and is able to save their answers so that they are able to respond later to questions such as where the child's favorite food is stored.

The Coca-Cola company sells more than 500 drinks in 200 countries which makes it the largest beverage company in the world. By analyzing the data from each country, Coca-Cola is able to learn what sells best in that country and they are able to get rid of the drinks that do not sell. This means that they are able to maximize their profits and minimize their profit loss margin.

Heineken does the same thing, except they are using artificial intelligence and Machine Learning to improve their customer service, marketing, advertising, and operations in America, so they are able to expand.

Have you heard of Watson? Watson has been implemented in various businesses in a wide variety of sectors such as culinary arts. Chef Watson has become a sous-chef in a kitchen developing recipes and complementing their human counterparts which make working in a kitchen more efficient than before.

Watson has also been fed images of Gaudi's work so that he is able to look at it and analyze it by learning where his influences lie. It learns the various influences such as Barcelona, and

any cultural, biographical, or historical data so that this information can be shared with a human artist and help him create a sculpture that follows in the same style as Gaudi.

Watson has even been given algorithms that help composers with musical elements to inspire them and help them determine what song is going to be a hit. Watson is able to do this by using conversations, speeches, and newspaper headlines to help with their inspiration.

BP is one of the largest companies in global energy, and they realize the massive potential that Machine Learning and artificial intelligence has for their industry. By using the new updated technology, they are able to improve their use of resources and the safety of their

process of refining oil and gas. By improving their operations, they are able to take all of their data and place it in the hands of those who are able to make the high-risk decisions that will ultimately change the world.

Also, in the energy sector, GE has been using Machine Learning, IoT (Internet of Things) and big data to create an internet of energy where all of their data is sent. They are able to optimize their data to help push them to their vision of a digital power plant.

In the financial sector, there are around 3.6 petabytes of data, and it continues to grow on a daily basis. Every day some people are looking at their credit through an agency known as Experian, and because of that, they receive a large amount of data from a variety of

marketing databases, public records, and transaction records. They are currently trying to improve their system where Machine Learning makes their services come to a decision faster. They aim to relay those decisions to their consumers faster, so people are not waiting for several days at a time for a credit decision on a purchase they are trying to make.

American Express handles over 110 million cards that are currently being used while processing over a trillion dollars in transactions. Because of this, they rely on Machine Learning algorithms that are created to help detect fraud in real time. This helps to save the company millions of dollars. On top of that, AmEx is trying to get control of the flow of data by developing apps that would allow cardholders to log in and access their account. This will also

help them see online business trends for their users.

Google's Deep Mind has created a machine that can mimic the thought process of a human being. Deep Mind has been able to beat humans at a variety of games, but that is not where its possibilities end. Deep Mind has the potential to help with healthcare applications so that they can reduce the time that it takes for treatment plans to be made which means that they are quicker when diagnosing the illness.

Machine Learning has helped Volvo be able to predict when a part of a vehicle is going to fail or will need to be serviced. This has helped saved countless lives. Volvo is also trying to develop their own autonomous vehicles.

49

Chapter 6: Free Datasets

The datasets that you use when you are working with Machine Learning are going to be located in the datasets that have already been cited by peer-review academic journals.

Datasets are a vital part of Machine Learning that you must know to understand Machine Learning. As we have discussed previously, there have been major advancements in the field of Machine Learning. Thanks to users learning about the computer's hardware, the algorithms that the computer will use, and the availability that you will be offered from the high-quality training datasets.

Most datasets are going to be supervised or may even be semi-supervised as they deal with algorithms because of the expensiveness and the difficulty of producing the algorithms because the data is going to need to be labeled. But, if the data does not need to be labeled, then it can be left unsupervised which is going to be too costly for most companies to produce.

Most datasets that you use for image data will be the sets that help when recognizing faces or actions. They are also made to recognize handwriting and characters that are written on a piece of paper.

Text data will be things such as messages that are sent between people, reviews left online,

posts written on Facebook or Twitter, or any text that is placed into any computer program.

Sound data will be any sound such as speech or music that can be placed on a computer and analyzed.

Physical data will be the data that you collect from earth science, astronomy, and other systems that you are going to have the option of measuring physically.

Signal data is data that will track electricity or other motions such as how traffic moves through a city.

The multivariate data will be data that measure the weather, internet traffic, finances, and even a state census.

And finally, biological datasets will measure drug discoveries, plant growth, animal growth, and human growth as well. Therefore, biological data will measure anything living that can be measured.

Chapter 7: Support Vector Algorithms

Part of Machine Learning is learning how to understand support vector algorithms. The most common way that people learn how to work with machine algorithms is to start with regression. Once you have that down, it is downhill from there. However, regression is not the answer to everything.

While working with Machine Learning algorithms, it is helpful to think of the algorithm as a toolbox that contains any and every tool that you are going to need to get the job done. But, you need to know how to use

those tools and when you need to switch to another tool. Regression is like a humor which is going to help you pin down the data that you need. However you will not have the ability to take that screw out with a hammer which is a higher and more complex dataset. But, support vector machines serve as the screwdriver that you need to deal with the smaller datasets that help to build stronger foundations for the models you are creating.

It is highly recommended that you take the time to learn how to use Random Forest, naive Bayes algorithms, and Ensemble modeling before using support vector algorithms. These knowledge is going to make support vector machines much easier for you.

The support vector machine is a machine that is going to be part of the supervised Machine Learning branch. It will be supervised while it is dealing with any algorithms that are used for regression as well as classification. However, it will typically be used while dealing with classification.

Support vectors come with coordinates that come from individual observations. These points are the frontier that is used when showing the best segregation of two classes, for example, a line versus a hyperplane.

So, the first question is, how do we identify what the hyperplane is?

The first scenario would be when you have three planes. Once you've located all three planes, you will have the tools to identify the hyperplane because of the classifications that you've already done. Remember you need to select the hyperplane that segregates your two classes best.

The second scenario is that you have three planes, but they all segregate your classes. How do you tell which is the right plane? For this scenario, you will need to maximize the distance between data points and the hyperplanes to see which one segregates best. The distance that you have created will be known as the margin. You will need to choose the plane with the highest margin because of robustness. If you pick one with the lowest

margin, you will have a high chance of classifying the data points you're working with.

While working with support vector machines, you will come to realize that it is going to be easier to work with linear hyperplanes that lay between two different classes. However, it is sensible to wonder if you will need to add your line manually to the hyperplane. Your answer would be no because the support vector machine will have a method that is built in to take the lowest dimension input space and move it to the highest dimensional space; this is known as a kernel trick. So, one inseparable problem will be in converting the separable problem by using kernel functions. This is going to be useful when you are using non-linear separation problems since it will best work with complex data transformations. They can figure

out what process needs to be used while separating data based on the labels that were defined by the program user.

Python has a sci-kit that is a widely used library you can use to implement Machine Learning algorithms. Support vector machines can also be found in this library as long as you use the following code.

Syntax

#import library

from sklearn import svm

#make sure you have an x (predictor) and y (target) for the training datasets as well as a x_test (predictor) of test_dataset

#create SVM classification object

```
model = svm . Svc (kernel = 'linear', c=1, gamma
=1)
```

#there are going to be several options linked to your model here such as if you want to change the kernel, gamma, or the c value.

```
Model. Fit (x, y)
```

```
model. Score (x, y)
```

#try and predict the outcome

```
predicted = model. Predict (x_test)
```

As you set the parameters of your algorithms that are machine learned, you will be helping to improve the model's performance overall.

Syntax

```
sklearn. Svm. SVC (C = 1.0, kernel – 'rbf', degree
= 3, gamma = 0.0, coef 0 = 0.0, shrinking = true,
probability = false, tol = 0.001, cache_size =
```

200, class_weight = none, verbose = false, max_inter = -1, random_state = none)

Example

import lumpy as lp

import matholib. Pylot as plt

from sklearn import svm, dataset

import data

iris = dataset. Bring up _ iris ( )

x = iris. Data [0: 4]

#attempt to avoid any ugly slicing by using a 2-D dataset

y = iris. Target

c = 26

svc = svm . SCV (kernel = linear, c = 3, gamma = 4). fit (x, y)

x_ min x_ max [0 : 9], min ( ) - 7 x [: 7], max ( ) + 6

h = (x_max / x_min) / 4

xx, yy = pu. Meshgrid (pi. Arrange (x_min, x_max, h)

pi. arrange (y_min, y_max, h))

Using supported vector machines have both pros and cons. Let's look at a few.

Pros

1. You will have the option to use subset training points for any decision function that has to be used to make the memory more efficient;

2. It is going to work better with the margins of separation;

3. It will be more effective when you are dealing with multiple dimensions as long as they are bigger than the number of samples you have; and

4. It will work inside of high dimensional spaces.

Cons

1. Should the dataset have extra noise, it will not perform well;

2. It will not give you direct probability estimates; and

3. You cannot use large datasets because the training time will be too high

Chapter 8: Machine Learning with Python

Python is a coding program you can use for almost any type of coding that needs to be done when writing your own programs. Since Python will provide you with the outputs based on the inputs that you give, you will be using Machine Learning!

Most of what Python does is going to be unsupervised. Some parts have to be supervised because you will be searching for a specific outcome.

Should you want to use Python to leverage the Machine Learning you are doing, there are a few things that you need to know in case you do not know about them yet. Python is extremely versatile, and you can do extremely specific computation, and then it can be converted to Machine Learning.

You will need to install Python on your computer if you have not done it yet. You will also need to obtain the package that works with Machine Learning. It is highly recommended that you install Anaconda because it is an industrial strength implementation that will have the ability to be used with any operating system. It also has every package you will need as you work with Machine Learning.

Your main objective for using Machine Learning will define what a data scientist is for. There is a variety of data scientist that use Machine Learning algorithms. You will also need to have an understanding of kernel methods, so you are able to gain insight from the support vector machine models that you are using.

As you deal with data science, you will have to load your data into the program. The discipline that you use will have to work with the data that you observed and collected. You will then load that digital dataset into the Python library which is known as scikit-learn.

To load your data, you will need to bring the module into Python with the dataset that you got from the sklearn library. After that, you are

going to have the option of using the load_digits ( ) function from the dataset that you imported.

Syntax

From sklearn import

Digits = datasets. load_digits ()

Print (_____)

At this point in time, you should notice that the dataset module will be holding other methods that will be loaded to fetch the most popular reference to the dataset that is currently being used. So, you can always count on the module to work if you do not have an artificial data generator.

Keep in mind that if you download data, it will already be separated between test and training sets. You will be able to tell the difference by the extensions of the data. ".tra" will be training and ".tes" will be test. Both files have to be loaded for your project to be elaborated.

When you first start working with datasets, you need to observe the data description so that you can see what you will be learning from that dataset. When using scikit-learn, the data is not going to be made readily available. So, you will need to download the data from another source, and you will usually find the description so that you have enough information for your dataset.

Note: the insights you get are not going to be deep enough for what you will be using the

data for. You will need to perform an exploratory data analysis on the data so you can see how difficult the data will be used.

If you have not already checked the description or you need to double check it, you will need to pay special attention to the basic information in the description.

The digital data will be printed once it has been loaded because of the scikit-learn datasets. You will probably already know a lot of information about what you are looking for because of your target values. You will need to have access to the digital data through the attribute data module. This will be accessed the same way that you access the target values with the target attribute. The description will give you access through the descry attribute.

If you need to look at what key is available for the data you are using, then use the digits. Keys ( ) function.

Example

#getting the keys for your digit data

Print (digits. ___)

#printing out the data you are using

Print (digits. ___)

#accessing your target values

Print (digits. ___)

#getting your description for your dataset

Print (digits. descr)

If you read the read_csv ( ) function, you will be able to import your data so that you are looking at the same data frame that contains the data you want. There will not be any description for the data that you are working with. In this event, you will be using the option to restore the head ( ) or the tail ( ) function so you can inspect the data again. As you use these methods, you will need to read the description of the data!

Now you may be asking how you are supposed to access the arrays for the data. The answer is that you will still use the attributes that are tied to the array. You will need to keep in mind that the attributes will be available when you

are using the digits. Keys ( ) function. For example, if you are using the data attribute in an attempt to isolate the data, then you will be able to use the target function to find the target values along with using ht edescr for the description.

So, what now?

First, you should figure out the number of dimensions that is created by the number of items that are in your array. The arrays shape will be a tuple that is going to tell you how big every dimension is.

Example

Y = pi. Zeros ((4, 2, 5)) which means that your array is going to be shaped to the (4, 2, 5) points.

To see the shape of the array, you will use the target, the descr, and the data functions.

The first thing you will do is use the data function so you can isolate the NumPy array from the digit data before you can use the attribute shape which will help you to discover the shape of the array. You will use the target and descr to do the exact same thing. Another attribute you can use is the images which will show you the data as an image instead of as a number.

Example

#separate your digits data

digits _data = digits. data

#look at the shape of your array

Print (shape for the digits data)

#isolate the target values

Digits_ target = digits. ___

#look at the shape again

Print (target function)

#print the number of unique labels that you have

Number_ digits = len (np. Unique (digits. Target))

#isolate your image

Digits_ images = digits. Images

#look at the shape once more

print (image shape)

The last thing that needs to be done as you saw in the example is that the image data has to contain the dimensions for your shape. You will have the option to visually check the image and the data functions by reshaping your image so that it is no longer 3D but 2D. You can do this by using digits. Images. Reshape (instances and pixels). You can also use a longer bit of code just in case you want to be completely sure about the reshaping of your image.

Print (np. All (digits. Images. Reshape ((instances and pixels)) == digits. Data))

As you work with the NumPy method, you will be using the all ( ) method so that you can test elements in the array that lay on the axis so you can see if your evaluation is true. If they come back true, then the image that has been reshaped will be equal to the digits. Data function.

Once you feel confident with what you have just learned, you will be ready to move to more complex situations where you can visualize the images that you are working with. Python has a visualization library call the matplotlib that is used for this very purpose.

Syntax

Import matlotlib pyplot as plt

Fig = plt. Figure (figsize = 6, 6))

Fig. subplots_ adjust (left = 0, right= 1, bottom = 0 top = 1 hspace = 0.05, wspace = 0.05

For I in range (64):

Ax = fig. add_ subplot (8, 8, I + 1, xticks = [], yticks = [])

Ax. imshow (digits. Images [I] cmap = plt.cm. binary, interpolation = 'nearest')

Ax. Text (0, 7, str (digits. target [i]))

Plt. Show ()

The syntax that you just saw will be used a lot and can seem a bit overwhelming, but you will have the option to break the code down into chunks, so you can do it and understand it easier.

1. matplotlib.pyplot will be imported;

2. You will change your figures to the size that you are looking for in your image, so your subplots are the same size;

3. Subplots will be set up as your parameter, so you have the option to adjust how the image is laid out;

4. After this has been done, you will fill out your figure;

5. The subplots need to be initialized, and this can be done by adding each to their proper position on the grid;

6. Now that the figure has been filled out, you can initialize the subplots;

7. Every dot that is added will be displayed on the image on the grid just like a colored map. The interpolation method will mean that the data you place on the grid is interpolated so that it is not completely smooth;

8. The last step is to add the text to your subplots; and

9. Finally, do not forget to plot your points with the plt.show ( ) function.

Chapter 9: Keras and Machine Learning

If you follow the latest news on technology, then you know about Tensorflow. This is a Machine Learning framework that was created by Google to be open sourced in 2015 and was eagerly welcomed by the public. If you have never used Machine Learning before, then this framework is going to be hard for you to understand. But, that can be fixed with Keras which can be used with Tensorflow and several other Machine Learning frameworks to make a neural network that is faster and easier to use.

As you set up Keras, you will want to download the Anaconda distribution that works with Python. If you have not used it before, then you will find that it is fairly simple to use. After you've installed Anaconda, you will go to the CD in the bin directory and run the following commands to make sure they are working properly.

1. Pip install pandas;

2. Pip install Tensorflow; and

3. Pip install Keras.

Now that you know it is all working, you will be ready to go! If you have not used Python before, that is okay because all you'll really need to know are the basics of how the program works. If you want to use Python on a more complex level, then you will benefit from

learning how to use every aspect of Python in your personal and professional life.

The data set that is used with Keras will be working on a set that works with characteristics like the number of patients that come to their appointment versus those that call and cancel. You will be setting up neural networks to use with the characteristics you are targeting so that you can predict things like how many patients will show up to their appointment.

The first thing you need to do is prepare the data before you can train your model. You will read your data and then separate it into two variables. One will be the characteristics of your patients and the other of those that do not show up.

Syntax

Import pandas as pds

Dataframex = pds. read_ csv (no show issue comma 3000k. csv, usecols = [0, 1, 4, 6, 8, 9, 10, 11, 12, 13])

Dataframe y = pds. Read_ csv (no show issue comma 300k csv, usecols = ([5])

Print (dataframe x. head ())

Print (dataframe y. head ())

After you put your data into your program, you will notice that there are going to be several features that will not be represented by a

number, this will be changed through the use of panda's library.

At this point in time, you will replace the values in your feature with a number, you will do the same with the y data frame.

While creating a neural network, you need to create it as well as train it in Keras. You will describe your model as a sequential layer of data that goes through the program. After you're done, you will put it into a dataset then train your model accordingly.

Syntax

Import numpy as np

Seed = 9

```
Np. Random. Seed (seed)

From keras. Models import sequential

From keras. Layers import dense

Model = sequential ()

Model. Add (dense (12, input_shape = 11,),

Init = 'uniform', activation = sigmoid))

Model. Add (dense (12, init = uniform,
activation = sigmoid))

Model. Add (dense (12, init = uniform
activation = sigmoid))
```

Model. Add (dense (2, init = uniform, activation = sigmoid))

Model. Summary ()

Import keras

Tbcallback =

Keras. Callbacks. Tensorboard (log _ dir = / tmp/ keras _ logs, write _ graph = true)

Model. Compile (loss = mean _ squared_ error

Optimizer = Adam metrics = [accuracy])

Model. Fit 9data frame x. values, data frame y. values,

Epochs = 9, batch _ size = 43 verbose = 2

Validation _ split = 9.3 call backs = [tbcall back])

To understand what you just did, let's break it down into steps.

First, you will use the constant seed for your random number that is generated to create a pseudo-random number every time that it is used. This will be useful when you are using different models and compare their performances.

Next, you will define your neural network so that it is connected fully to the layers and

nodes that you will be using with the sigmoid function.

The Tensorboard will be used when visualizing the model that you are training.

Your model will now be trained with the optimizer and the loss function. The epoch will be the number of times that your dataset is sent through the network. Validation_split is going to tell you how much of your data is going to be held back to validate the performance of the model that you have created.

Validation_split is going to tell you how much of your data is going to be held back to validate

the performance of the model that you have created.

You can now use a Tensorboard to visualize the model that you have trained by using the following code bin the bin folder for Anaconda.

/tensorboard – logdir = / tmp/ keras_logs

Using Machine Learning and neural networks with Tensorflow and Keras are going to help you learn how to use Machine Learning as well as how to work with Python.

Chapter 10: Theano and Machine Learning

Theano is another Python library where you can define, optimize, and evaluate a variety of mathematical equations with multiple arrays and dimensions. Theano will be similar to Keras, but it will use different commands that will allow you to build your own documentation with Python with this code.

Syntax

Python. / doc/ scripts/ docgen. Py

You can also use HTML or PDF to make your documents.

Theano will be the distribution directory that will be used when importing into Python. It will hold the packages that you are working with. But, there are various submodels that you can use if you want so that you can accomplish your goal.

Sandbox is going to be dependent on the other codes that you use.

Gof plus compile will be your core commands

Scalar is going to depend on what is inside of your core.

Sparse is going to be dependent upon Tensor.

Tensor is going to be dependent upon scalar

Theano/ examples are going to be the copies of the examples that are found inside of the program or online.

Theano/benchmark and examples are going to be the distribution of the program however it is not going to be included in the Python package.

Theano/bin is going to be all of the executable scripts that you are going to find copied in the bin folder.

Tests will be the part of the package that are going to be distributed and fall into the appropriate submodel.

Theano/doc is going to be the files and scripts that you are going to use when creating documents.

Theano/html is going to be the area of the program where the documents will be generated.

Each command will allow you to use them with machine learning as long as you write out the code just as you would with Kernas.

Chapter 11: Neural Networks and Deep Learning

Neural networks are programming paradigms that are biologically inspired to enable a computer to learn from data that is observed.

Deep Learning is a set of techniques that you are going to use for Neural Networks.

Both Neural Networks and Deep Learning are going to give you the best solution to any problem that you may come up against when you are working with image, speech and natural language recognition and processing.

The human visual system is complex and one of the most interesting things that you can study

because you are never going to fully understand how it works with the other parts of your body.

Take handwriting, for instance, many people are going to be able to look at something that is written and be able to tell you what is written without any problem, but the little effort that it takes to recognize what is written is actually deceptive. If you look at the different hemispheres of your brain, you are going to realize that your visual cortex has several millions of neurons that are going to be connected. However, your vision is not going to be connected to your visual cortex. Instead, it is connected by a series of cortices that involve your vision making it reach the location where you can process even the most complex of images.

Inside of your head is essentially a supercomputer that has been fined tuned by evolution. The ability to recognize handwriting is not always easy, but your brain has adapted to so you can be able to do it unconsciously. It is not very often that we take the time to think of how complex our visual system truly is.

Just like how it is difficult to recognize visual patterns, a computer is not going to have these issues. But, it is going to be different than how we do it ourselves. Our brains recognize shapes and how things are written out, but how do you tell a computer this? You are trying to make rules, and those rules are going to end up getting lost in the exceptions and caveats that you have to create.

The Neural Network approach is going to look at the problem in a different way though. It is going to take a large number of digits that are handwritten and be trained to recognize the various shapes so that it is able to do what our brain can do. Essentially, the neural network is going to use the examples that are inside of your data to infer rules that are set in place as their way to recognize handwritten digits. The more examples you add that train the program, the more the network is going to be able to learn handwriting options to improve its accuracy.

Neural Networks are going to work with an artificial neuron that is known as a perceptron which was developed in the 60s by Frank Rosenblatt. But, when we look at it today, it is going to be used like other models of artificial

neurons. Your main neuron is going to be known as the sigmoid neuron; but to understand the sigmoid neuron, you have to understand the perceptrons.

Perceptrons are going to take several binary inputs and give you a single binary output. Rosenblatt came up with a single rule that will be used when dealing with the output of perceptrons. This is where weights came in as a way to express real numbers and their importance to the inputs and outputs. The output for the neuron is going to either be zero or one. It will determine the weight of the sum and if it is less than or greater than the threshold value.

Your threshold value is going to be a real number that is going to be used in the

parameters for the neuron. Think of the perceptron as a device that is going to make its decisions by weighing the evidence.

For example, if you want to go on a family outing, there are several things that you are going to have to look at to determine if you are going to be able to go on the outing as planned.

1. Is the car big enough for everyone that wants to go?
2. Is the weather going to be good?
3. What do you need to pack for the amount of time that you are going to be out?

Each factor is going to be able to be represented by a binary variable. By looking at

the weights and the threshold for your problem, you are going to be able to create different models for the decision making process. Your perceptron is going to be the decision maker if you are going to be able to go on your outing or not. When you drop the threshold, you are going to most likely be able to go on your outing with your family.

Keep in mind that your perceptron is not going to be a complete model of the decision-making process that a human can do. However, your perceptron is going to be able to weigh different evidence to make the decisions that you need. This should seem more plausible for a complex network of perceptrons that are going to make small decisions that you may not notice are being made.

While a learning algorithm sounds like the way to go, how are you going to create an algorithm for a neural network? Think about having a network for your perceptrons that you can use to solve problems. The inputs for the network are going to be like the raw pixel data that is scanned into the program. This will allow the network to have the ability to learn weights and biases for the output to be classified correctly. If you make any changes to the weight in the network, your output is going to correspond with the change that you made.

However, the reality of perceptrons is that when a change is made to the weights, then there is the possibility that the perceptron is going to flip completely due to that change. This change is going to cause the behavior of your entire network to change completely into

a more complex behavior. So, while one of your digits is going to be classified correctly, your network is going to be behaving in a way that is going to be hard to control.

Your network's new behavior is going to make it difficult to see how your weights and biases need to be modified so that your network is closer to the behavior that you want. Therefore, there must be a clever way of getting around this issue that may not be obvious instantly.

You can overcome the problem just by bringing in a new neuron known as the sigmoid neuron. These neurons are going to be like perceptrons, but they are going to be modified so that when you make small changes, they are only going to give you a small change in your output rather

than taking chance that your output changes completely. This is vitally important, and the sigmoid neuron is going to be enabled to learn the behavior of the network.

Your sigmoid neuron is going to have inputs that are similar to your perceptron. However, it is going to be able to take any value that falls between zero and one. This means that you can use the decimal points that fall between these two numbers as a valid input for your sigmoid neuron. Just like a perceptron, your sigmoid is going to have a weight for every input as well as a bias that covers everything in that neuron. However, your output is not going to be zero or one, it is going to be known as a sigmoid function, and it is going to be defined by this equation.

$\sigma(z) \equiv 1/1 + e^{-z}$

Another way to look at it is to put the outputs of your sigmoid neuron with your inputs.

$1/1 + \exp(-\sum j w j x j - b)$

When you first look at your sigmoid neuron, they are going to look very different than your perceptrons. However, the algebraic expression for the sigmoid function is going to seem opaque and like you are never going to be able to master it. However, you are going to be able to because there are a lot of similarities between your perceptrons and your sigmoid neurons.

To understand the similarities, you need to look at a perceptron model like $z \equiv w \cdot x + b$, where

you have a large positive number. Which then means $e-z≈0e-z≈0$ and $σ(z)≈1$ are equal. Ultimately, your sigmoid neuron is going to be a large positive number just like it would be for the perceptron.

Now, think of it as if you were working with negative numbers. Then, your sigmoid's behavior will be the same as the perceptron. The only time you are going to see deviation from your perceptron model is of modest size.

But, what is your mathematical form of σ? The truth of the matter is that the exact form for this variable is not important because we are going to focus on the shape of our function.

Should this function be a step function, then your sigmoid neuron is going to end up being a

perceptron because the output would be either zero or one, depending if your equation gives you a positive or negative output.

When you use the function for σ, then you are going to get a perceptron that is smooth. While how smooth your function is, is important, it is not something you need to spend a lot of time focusing on. The smoothness is simply going to modify the weights and bias which is then going to change the output for your sigmoid neuron.

Thanks to calculus, your output is going to be predicted by this equation.

$$\Delta output \approx \sum_j \partial \text{ output } / \partial w_j \Delta w_j + \partial output / \partial b \Delta b,$$

Your sum that is found all over your weights and your output is going to show a partial derivative for your output with the respect to your weights. You should not get too worried if you find that you are not comfortable working with partial derivatives. Your expression above is going to look complex due to all of the partial derivatives that are in it, but you are actually going to see that it is fairly simple by looking at your output as a linear function. The linearity will make it easy to pick out smaller changes that are done to the weights and biases to extract the change that you want in your output. Therefore, your sigmoid neuron is going to have the same behavior as the perceptron which is going to make it easier for you to figure out how to change your weights and biases to change the output.

If the shape is what matters most, then it is not going to be an exact form which is going to be the reason for the use of the o in the equation. When you are looking at the changes that cause you to use a different activation function, then the value for that partial derivative is going to change in the equation. So, when you compute those derivatives later, your function is going to take the algebra and simplify it so that the exponentials have properties that you can work with when differentiated.

As you interpret your output that comes from the sigmoid neuron, you are going to see that one of the biggest differences is going to be the perceptrons and the neurons where the neurons do not output zero or one. They can have any output as long as the output is a real

number and it falls between zero and one. This is going to be useful when you are wanting your output to represent the average intensity for the pixels that are in an image. However, sometimes this is going to be a problem.

Take for instance you are wanting your output to say that your image is nine or is not nine. It is going to be easier to do this if your output is zero or one for your perceptron. But, in practice, you are going to have to set up a convention to deal with this. This will allow you to interpret the output for at least half of the image which is going to indicate the number you want it to be. This means that any output that is less than half means that the output is not going to be what you want it to be.

Conclusion

Thanks for making it through to the end of *Machine Learning*, let's hope it was informative and able to provide you with all of the tools you need to achieve your goals whatever they may be.

The next step is to get started with your Machine Learning! If you are not using Machine Learning, then perhaps it is time for you to start! As you saw from this book, there are various ways to use Machine Learning, and there are a lot of different things that you are going to be able to do with Machine Learning.

You can even use coding programs with Machine Learning so that you can manipulate the output that you get.

Finally, if you found this book useful in any way, a review on Amazon is always appreciated!

Thank you and good luck!

Mark Howard

Check Out Other Books

Go here to check out other related books that might interest you:

Kindle Fire HD 10 Manual: The Complete User Guide with Instructions, Tutorial to Unlock the True Potential of Your Kindle HD10 Fire Tablet in 30 Minutes

https://amzn.to/2zVr3rq

Alexa: How to Use Your Amazon Alexa Devices

New, Essential User Guide for Amazon Echo

and Alexa (The Complete User Guide-Alexa &

Echo Show Setup and Tips)

https://amzn.to/2NuBeFe

Kindle Fire HD 8 & 10 Tablet with Alexa: How to Use Kindle Fire HD, the Complete User Guide with Step-by-Step Instructions

https://amzn.to/2NMvarM

Amazon Echo Show User Guide: Amazon Echo Show with Step-by-Step Instructions, Amazon Echo Setup (The Complete User Guide)

https://amzn.to/2NOSdm7

Kindle Fire HD Manual: The Complete Tutorial

and User Guide for Your New Kindle Fire HD

Device in 30 Minutes

https://amzn.to/2AAuwMw

Fire Stick: Essential User Guide for Amazon Fire

Stick, How to Unlock Your Fire Stick Like a Pro

(Amazon Fire TV, Amazon Fire TV Stick, Amazon

Fire TV Cube)

https://amzn.to/2Mypamo

Amazon Echo Dot - 2nd Generation Amazon

Echo Dot with Alexa: How to Unlock the True

Potential of Your Echo Dot, Learn to Use Your

Echo Dot Like a Pro

https://amzn.to/2KZ6VVL

Kindle Fire HD8 Tablet: How to Use Kindle Fire HD, the Complete User Guide with Step-by-Step Instructions, Tutorial to Unlock the True Potential of Your Device in 30 Minutes

https://amzn.to/2Lctd6E

Alexa and Amazon Echo Dot: The Complete User Guide with Step by Step Instructions, User

Guide to Master Your Amazon Echo Dot and

Alexa (Two Book Bundle)

https://amzn.to/2BPTpUU

Kindle Fire HD 8 & 10 Instructions: The

Complete User Guide with Step by Step

Instructions, Learn to Master Your Kindle Fire

HD 8 & 10 Tablet in 1 Hour (Two Book Bundle)

https://amzn.to/2oi4QeK

www.ingramcontent.com/pod-product-compliance
Lightning Source LLC
Chambersburg PA
CBHW070838070326
40690CB00009B/1600

www.ingramcontent.com/pod-product-compliance
Lightning Source LLC
Chambersburg PA
CBHW050500080326
40788CB00001B/3924